子どもと保護者を
支えるために

子どもの
発達検査の
取り方・活かし方

樋口隆弘 / 著

村瀬嘉代子 / 序文

誠信書房

序 文——『子どもの発達検査の取り方・活かし方』の推薦

　3年ほど前のこと。ある研究会で私が事例のコメンテーターを務めさせていただいた折に，サイコセラピストとして子どもの事例提出をされたのが樋口氏であった。事例の報告をうかがって「こういうセラピストに出会えたら」とまず思った。クライエントの気持ちを，観察事実をもとに想像推量し，さりげなくその子の心に届く表現で，言葉をかけておられるのが印象深かった。その事例で，樋口氏は基底に認知行動療法の考え方や技法を適用されていたが，マニュアルに則った姿勢を固守しようとはされず，目前のその子どもの状態を捉え，その子は何を求めてそういう言動に出ているのかをていねいに的確に捉え，その子どもの必要性に適合するように，柔軟に技法をほどよく工夫を凝らして適用されていた。子どもを取りまく生活状況全体を視野に入れて，その子どもに今まさに何がどのように求められているかについて考え，それに応じた関わりや働きかけを工夫してセラピーを進めていらっしゃった。マニュアルに息吹が吹き込まれ，クライエントに即応した関わりがされていた。

　理論や技法はセラピーの過程を通奏低音として支えているが，技法がいかにもというように浮き上がって見えるのではなく，クライエントの子どもの主体性を尊重しながらセラピーが進められていることに感銘を受けた。

　本書を手にして読み始めると，上述した3年前の感動が生き生きと思い出された。あのサイコセラピーに現れていた，あくまでもクライエントの子どもの主体性を大切にし，子どもが相応の裏付けある自信を持って発達

検査を受け，その経験が予後に良い余韻をもたらすようにとの配慮が，子どもへ発達検査をする場合にもなされている。

　発達検査を施行する目的，原則を守りつつ，発達検査の真の目的とは何かと問い続け，技術的レベルの厳正さを追求するだけでなく，正確さを維持しながらも，検査を受けた結果を，検査を受けている子どもと親のその後の生に，いろいろな意味で裨益する工夫が述べられている。

　著者は検査の施行手続きの原則を遵守しながら，子どもが検査状況に落ち着いて臨み，その子の資質が充分に発揮できるように工夫している。そして子どもが，あることを成し遂げたという，その子なりの達成感，良い経験をしたという快さを感じて，それがその子の成長に資するようであってほしいと考え，検査の実施場面での配慮の具体例を豊富に記述している。検査に取りかかる前・検査中に，子どもがその子なりの力を現せるような配慮，施行後の子どもに対するその子に即応したねぎらいのあり方が，豊富な経験をもとに述べられている。

　しかも，「こうすればよい」と完成した検査者のあり方を記述するというよりも，状況に応じてどういう声かけをするか，あるいは，一呼吸待つことが検査を受ける子どもに落ち着き集中することを可能にするのではないか，といった具合に思考の道筋が示され，読者はおのずと著者に自分を重ねて，自分が現に検査を施行しているかのような気持ちになる。著者と一緒に考えているようになる。本書のこうした読み方を通して，子ども一人ひとりがその特性に応じて，無理なく，そして不快や恐れなど負の感情をいたずらに経験することなく検査を受けることが，その子の達成感や精神的成長に役立つ経験になることを，読者は実感できるであろう。

　このような，子どもの発達検査施行に際しての留意事項をきめ細やかに，どの子にとっても成長に資する経験であるようにと配慮して著された書物を，ほかには寡聞にして知らない。

　本書を発達検査施行技術を会得しようとされる方々には是非読んでいた

だきたい，発達検査に限らず，子どもの心理支援に携わるすべての人にとって有益な本であるとお勧めする。

2021 年 2 月

大正大学大学院，日本心理研修センター　村瀬嘉代子

はじめに

　近年，子どもが発達検査や知能検査を受ける機会が多くなっています。それは，健診の充実，社会での発達障害に対する理解の浸透などにより，発達検査や知能検査につながりやすくなり，また検査を受ける敷居も低くなっているからです。検査を受ける目的もさまざまです。子どもや保護者の側からすると，得意な特性や苦手な特性を知るため，さらには発達障害や知的障害を抱えているのかどうかを知るため，園や学校の先生方に子どもの特性を理解していただくため，さまざまな手当てを受給したり手帳を取得したりするため，さらにはそれらの更新手続きのためなどが挙げられるでしょう。検査者は，ただ単に検査を実施するだけではなく，それらの目的を意識して検査を実施する必要があります。しかし，その目的だけを達成すればよいわけではありません。仮に，手帳や手当ての更新のための検査で数値だけがわかればいいとしても，数値を出すことだけが目的になってはいけません。どのような場合でも，検査を受ける子どもの全体像を捉えること，少しでも子どもや保護者，子どもと関わる人にとって有益なものとなるように何ができるのかを考えることが大切です。

　また，検査にはありがたいことにマニュアルが存在します。筆者が，心理職の駆け出しで，検査を取り始めた頃は，マニュアルをついたての後ろや検査用具が入ったケースの中に隠して，子どもたちに見られないように，何度も覗き見ながら検査をしたものです。検査を実施するにつれて，マニュアルの内容を覚えて，マニュアルを見ずに検査を実施するようにな

ります。それは，就学前の子どもや集中が途切れやすい子どもの検査場面を想像していただきたいのですが，できるだけ子どものタイミングに合わせる，子どもの注意がそれる刺激を少なくするといった観点から，マニュアルを見ない，つまり検査者が子どもから注意をそらさないことが求められるからです。さらに，就学前の子どもや知的な遅れを抱える子どもに検査を実施するときに，子どもが教示を理解できずにいくつかの課題を実施できない（検査ではかろうとする能力をはかれていない）場面にも出会うようになりました。また，検査意欲が低い子どもが，検査の途中で投げやりに答えだすような場面にも出会いました。

　そして，何百何千例と検査を実施し，そのような体験を重ねるにつれて（時間がかかり過ぎかもしれませんが），以下のように考えるようになりました。「マニュアルどおりの教示よりも，もう少し子どもがわかりやすい，子どもの意欲が上がるような言い方がないのだろうか」と。しかし，ここで強調したいのは，**マニュアルをないがしろにすること，無視すること，軽視することは絶対にしてはいけません**。マニュアルをすべて，すべては不可能かもしれませんが，理想的にはすべて覚えたうえで考えてみてほしいのです。「マニュアルにあるこの言い方，やり方はどのような理由があってこうなっているのだろうか」と。

　初めのうちは，マニュアルどおりに検査を実施することで精一杯ですが，良い意味でも良くない意味でも検査の実施に慣れてくると，教示や実施法が大筋は変わらない程度に少し変わってくる（変わってきてしまう）のではないでしょうか。また，職場の都合や上司の圧力などが影響して，新人の間は特に，何としてでも検査を取ろう（形にしよう）としてしまい，マニュアルどおりの教示では課題に取り組まない子どもに対して，教示を少し変えてしまうこともあるのではないでしょうか。しかし，それが目の前の子どもにとって良い（子どもが持っている本来の力を発揮することができた）と感じたとしても，その教示や実施法による影響も同時に

考える必要があります。マニュアルの教示や実施法の背景を考えるだけではなく，自分で少し変えた（変わってしまった，もしくは変えざるを得なかった）教示や実施法の背景も考えなければなりません。

　もし，それらを考えずに検査を実施してしまっているとしたら，本書が教示や実施法を少し変えることによる影響を考える機会となり，検査マニュアルの教示や実施法をより深く理解することに寄与できれば幸いです。

　本書では，検査とカウンセリング（プレイセラピー）には通じる部分があることを述べています。つまり，一つの方針や選択が正しいか正しくないかではなく，さまざまな可能性や見通し，対応や方針を考えていくことが，子どもと向き合う場面でも，医療現場や学校現場などでコンサルテーションを実施する場面でも大変重要になります。

　検査の教示や自身の振る舞いが，子どもにどのように伝わっているのか，子どもにどのような影響を及ぼしうるのか，教示や振る舞いを変えた場合はどのようなことが起こりうるのかなど，客観的な視点や多角的な視点で考えることが大切です。検査場面で子どもと向き合うとしても，カウンセリングやプレイセラピーで子どもと向き合うとしても，さまざまな可能性や見通し，それらへの対応や方針を考える力は共通するものと思われます。

　検査一つひとつに向き合うことでカウンセリングやプレイセラピーの力も高められるため，検査に苦手意識を持っている方は，本書をきっかけに検査に触れていただけると嬉しい限りです。

　なお，本書の第4，5章では，発達検査や知能検査を代表するものとして，WISC-Ⅳ（Wechsler Intelligence Scale for Children fourth edition）を中心に話を進めています。WISCは改訂が繰り返されており，米国ではすでにWISC-Ⅴが使用されているため，日本版WISC-Ⅴの刊行も近いでしょう。さらに，発達検査や知能検査は，他にも数多く存在します。

　そこで，WISC-Ⅳの解説・解釈は他書にゆずるとして，**本書でお伝えしたいのは，検査を実施するにあたって，検査者の態度や言い方が，検査**

を受ける子どもにどのような影響を与えるのかを検査者自身が考えるきっかけや素材です。それによって，検査者自身の検査の質が向上し，検査を受ける子どもにとって，検査の時間・空間が，よりよく生きられることに少しでもつながることを目指しています。そのため今後 WISC が改訂されても，また WISC 以外の検査を実施される場合でも，本書は検査を受ける子どもたちのことを考えるきっかけや素材を提供できると考えています。

　また，検査者は，検査をどのように実施するのかだけを考えるのではなく，検査結果をどのように活かすのかまで，しっかりと考えなければなりません。検査を実施した後に，検査時の様子や結果の数値，結果から考えられる見立てなどを所見にまとめる作業も行うでしょう。しかし，その所見の内容を，子どもや保護者，子どもと関わる人たちにどのように伝えるのかが大切です。子どもの家族，園や学校の先生，医師や看護師，施設の職員など，検査者として話ができる機会があれば，「所見を読んでください」ではなく，子どもとゆとりを持って関わっていただけるように，子どもと関わるうえでヒントとなるような一言を検査者の口から伝えることが求められます。検査を受けた子どもとその子どもに関わっていただく方々の橋渡しをする役割を担うことができたときに初めて，子どもが頑張って検査を受けてくれた苦労が報われます。

　本書は，子どもや保護者のために，子どもと関わる人たちのために，検査をどのように実施するのか，検査結果をどのように活かすのか，項目を分けて記載している部分もあります。はじめから読むことをお勧めしますが，読者のみなさんが目次を見て，興味を抱いた部分から読んでいただいてもかまいません。本書が読者のみなさん，検査を受ける子どもたち，保護者の方々，子どもと関わる人たちに役立つことを願っています。

2021 年 5 月

樋口隆弘

目次

目次

第1章
検査を実施する前に意識しておくべきこと

第1節　子どもの全体像とは

　「園では話さないのに，家では近所に聞こえるぐらいの声で話しています」「学校では学級委員もしているようですが，家では何をするにもマイペースなんです」などの保護者から見た子どもの話，「家ではおとなしいみたいですが，園では教室を飛び出して，みんなと一緒に活動ができません」「家での生活は荒れているようですが，学校ではおとなしめの子たちと絵を描いています」などの先生から見た子どもの話。読者のみなさんも，子どもの様子が家と学校では異なる，といった話を聞いたり実際にそのような子どもに接したりした経験があるのではないでしょうか。子どもだけではなく大人でも，誰と，いつ，どこで，どのような場面で関わるかによって，相手に見せる態度や表情，言葉や行動は異なるでしょう。

　ある場面のある瞬間だけの子どもを見て，「あの子はじっとできない子なんだな」と思ってしまっていないでしょうか。その子どもには，あなたがその場面を目撃する前に何があったのか，その子どもとまわりにいる人たちとの関係性はどのようなものなのか，普段はどのような生活を送って

いるのか，このようなことをあなたは想像しているでしょうか。

　たとえば，スーパーマーケットで走り回っている子どもでも，そのような行動を取る前に，30分間もおとなしく保護者の横を歩いていたかもしれません（子どもなりにとても頑張っていたのかもしれません）。兄弟で走り回っていても，その保護者はスマホを見ていて子どものことをまったく見ていないのかもしれません。学校生活を一生懸命頑張って，保護者と一緒にいる時間になって安心したのかもしれません。つまり，その言動に至るまでの背景を想像することが，子どもを理解するうえで重要となります。

　これは，検査で子どもと関わるときに求められる姿勢でもあります。検査を実施する前に，子どもがここに来るまではどのような時間を過ごしていたのでしょうか。一緒に来た保護者や先生との関係性はどのようなものなのでしょうか。今，検査者である私と向き合っている子どもはどのような心境なのでしょうか。子どもを理解するための想像に終わりはありません。

　検査を通して子どもと関わる場合でも，検査以外で子どもと関わる場合でも，子どもの全体像を把握することが大切であるといわれます。しかし，そもそも子どもの全体像とは何なのでしょうか。まずはそこから考えてみたいと思います。

　子どもに限らず大人でも，ある人の前で，ある時に表現される態度，表情，言葉，行動などは一面的なものです。Aさんの前とBさんの前とでは，その子どもの態度や表情，言葉や行動も異なるでしょう。また，いつその子どもと関わるのか，どこでその子どもと関わるのかによっても，その子どもが表現しているものは変わるでしょう。つまり，全体像を把握するとは，検査者と子どもとの関わりで表現される子どもの態度や表情，言葉や行動だけではなく，検査者以外の人とその子どもが関わっているときの子どもの様子，今ここではない時間と場所で，その子どもが表現する態

度や表情，言葉や行動を把握することも含んでいるのです。

　また，その子どもの態度や表情，言葉や行動が表現されるに至った背景もさまざまです。子ども自身がもつ特性，子どもの保護者や子どもと関わる人たちとの間で形成されたコミュニケーション様式や考え方，家庭の生活様式，学校の教育環境など，これらのさまざまな要素によっても，その子どもが見せる言動は変わってくるでしょう。

　つまり，子どもに検査を実施するときに，検査者と子どもとの関わりにおいて，今目の前の子どもが見せている像は一面的であることを忘れてはいけません。そのため，子どもが保護者や先生とどのように関わっているのか，保護者や先生はその子どもをどのように捉えているのかをも含めて，子どもの全体像を把握することが求められます。

　それでは，何のために子どもの全体像を捉える必要があるのでしょうか。それは，検査場面で得られた情報を，検査を受けてくれた子どもと，その子どもと関わる人たちに合わせた形で伝えて，今後の生活に活かしてもらうためです。検査結果をまとめて所見を書けば，それだけで子どもや子どもと関わる人たちの役に立っていると思われる方もいるかもしれません。しかし筆者は，「家での様子と（検査場面での様子が）全然違ったから，この結果は役に立たない」といった保護者の声，「検査結果で問題がなかったと（保護者から）聞いているのに，学校でのこの大変な姿は何なんですか」といった先生の声をこれまで何度も聞いてきました。まったく同じ内容ではないかもしれませんが，このような声を聞かれた読者の方もいらっしゃるのでないでしょうか。これは，検査結果をうまく伝えられなかったことに一因があるのかもしれませんが，検査者から見た子どもの一面的な様子しか伝えられていないときに起こる問題でもあります。

　家や学校での子どもの様子と検査場面で見られた子どもの様子とが，一見すると相互に矛盾していると思われるとき，その点を根拠を持って説明できるかどうかが，子どもの全体像を捉えられているのかどうかの指標と

もなるのです。

第2節　子どもと子どもに関わる人たちをつなぐ

　当然のことですが，検査場面では，検査者だけが子どもと関わっている
かもしれませんが，子どもの日常生活を考えると，検査者だけが子どもと
関わっているわけではありません。検査者が検査を実施して所見を書け
ば，子どもの家や学校での生活に何か変化が起こるかというと，それだけ
では大きな変化は期待できないでしょう。検査者は，まずはその事実を受
け止めなければなりません。それでは，検査を実施する意味がないと言っ
ているのかというとそうではありません。

　一人の子どもには，多くの人が関わりを持っています。子どもの家族や
友だち，園や学校の先生，その他にもたくさんの人たちがいます。子ども
と関わる人たちが，検査を受けた子どものことをより理解することで，子
どもや子どもと関わる人たちの生活が，よりよい方向に向かうことができ
ます。そのため，検査者は検査を実施するだけではなく，検査結果を子ど
も自身や子どもと関わる人たちに**腑に落ちるかたちで伝える**ことで，子ど
もと子どもに関わる人たちの橋渡しをすることが求められるのです。それ
を行うには，いかに根拠を持って検査結果から子どもの日常生活を想像で
きるかどうか，それを子どもと子どもに関わる人たちとの関係性を想像し
たうえで伝えられるかどうかにかかっているのです。

　ゆえに，どのように検査を実施すれば，子どもと子どもに関わる人たち
にとって検査が有意義なものになるのかといった視点だけではなく，どの
ように検査結果を伝えれば，子どもと子どもに関わる人たちにとって検査
結果が有意義なものになるのかといった視点も合わせて，検査者は子ども
と向き合わなければなりません。

第3節　子どもを置き去りにしないこと

　小学校5年生のAくんの話。検査が終わり，Aくんの母親に検査の様子などを伝えました。その後，母親が検査者であった筆者に，「学校の先生に，（検査者に）聞いてきてくださいって言われて預かりました」と言って，1枚の紙を渡されました。そこには，学校場面でのAくんの困った行動について，どのように対応したらいいのか，何がAくんのためになるのかといった内容が書かれていました。Aくんの支援学級の先生が書いたようでした。母親が筆者に渡したときの様子から，先生がそのような手紙を書いていることやその内容については，Aくんには隠しているようでした。しかし，その内容はAくん本人も困っているであろうことばかりでした。そこで筆者は，手紙に書かれた内容をAくんに直接尋ねることの了承を母親に得てから，Aくんに次のように尋ねました。「学校で暴れてしまったりするときがあるんかな？　そのことも，それ以外のことも，Aくんのために（学校の）先生も何かしてあげたくて，どうしようか考えてるみたい。でも，これAくんのことやから，Aくんに聞いてもいいかな」。すると，Aくんは快諾してくれて，いろいろなことを考えて答えてくれました。本当は暴れたくて暴れているわけではないこと，暴れてしまう前にどのような工夫ができそうか，暴れてしまったときにはどの先生にどうしてほしいのか，暴れてしまった後はどうしたいのかなど，5年生のAくんはしっかりと自分の意見を持っていました。これらの意見について，「お母様はどう思われますか」と尋ねると，「この子が言うことなら，それが一番いいんやと思うんですけど，この子こんなふうに答えられるんですね」と感心したように言いました。

　筆者はAくんが話してくれた内容を紙に書いて，「これを先生に渡してもいいかな」と聞いて，Aくんは了承してくれたので，母親から先生に

渡してもらうことにしました。もちろん，先生が日頃からＡくんのため
を思って悩み，このように手紙を書いてくれたからこそＡくんに尋ねる
ことができたこと，先生との関係性ができているから，Ａくんは暴れる
ことや暴れた後に先生に頼ることができること，支援学級の先生が一人で
抱えずに，他の先生も一緒にＡくんを抱えることなどもあわせて手紙の
返信として記載しました。

　大人だけで子どものためにどうしたらよいのかを考えていても，本当に
その子どものためになることができるとは限りません。たとえ，大人が子
どものためになることを考えられたとしても，その子どもが大人の行為を
受け取る準備ができていないために，うまくいかないこともあります。子
どもに聞いてもわからない，子どもに聞くと傷つけてしまうかもしれな
い，そのような思いがあって子どもに直接尋ねないことがあるかもしれま
せん。もしそうであれば，子どもにわかるように聞いてみること，子ども
が傷つかないためにはどのように聞けばいいのかを考えてみることが大切
な心構えではないでしょうか。そのうえで，やはり子どもに直接聞かない
ほうがよいと判断したのであれば，それは充分に意味のあることです。

　また，子ども本人だけではなく，子どもと関わる人たちも置き去りにし
てはいけません。子どもの意見を聞いて保護者はどのように思うのか，保
護者としてはどうしてほしいのか，それらの意見を聞くことも必要です。
先生に対しても，検査者がただ助言を伝えるだけでは，たとえそれが的確
なものであったとしても，実際に行動に移す気になるかどうかわかりませ
ん。先生の努力があるからこそ，検査者は子どもの全体像をより捉えるこ
とができた，そのように思いながら伝える助言は，ただの助言にとどまり
ません。

　Ａくんの場合は，主に保護者や学校の先生との関係性しか考えること
ができませんでしたが，習い事をしているのであれば，その場面ではどの
ようなＡくんが見られるのか，学童保育やデイサービスに通っていると

したら，その先生方には何を伝えればいいのかなど，実際に伝えることができなくても，Aくんと関わる人たちにはどのような人たちがいるのか，その人たちに何をどのように伝えるのかを想像することが，子どもの全体像をつかみ，子どもと子どもに関わる人たちがよりよい方向に向かうことにつながるのではないでしょうか。

✐まとめ

1 　子どもに検査を実施するときに，今目の前の子どもが見せている像は一面的であるため，子どもが保護者や先生とどのように関わっているのか，保護者や先生はその子どもをどのように捉えているのかをも含めて，子どもの全体像を把握することが求められます。

2 　検査者は検査を実施するだけではなく，検査結果を子ども自身や子どもと関わる人たちに**腑に落ちるかたちで伝える**ことで，子どもと子どもに関わる人たちの橋渡しをすることが求められます。それを行うには，いかに根拠を持って検査結果から子どもの日常生活を想像できるかどうか，それを子どもと子どもに関わる人たちとの関係性を想像したうえで伝えられるかどうかが重要です。

3 　子どもに聞いてもわからない，子どもに聞くと傷つけてしまうかもしれない，そのような思いがあって子どもに直接尋ねないことがあるかもしれません。もしそうであれば，子どもにわかるように聞いてみること，子どもが傷つかないためにはどのように聞けばいいのかを考えてみることが大切な心構えです。

白衣よ，さらば

▲●■▲●■▲●■▲●■▲●■▲●■▲●■▲●■▲●■▲●■

　みなさんは，子どもと出会ったときに，怖がられてしまった経験はあるでしょうか。筆者は，検査者として，これまで何度か子どもに怖がられたことがあります。その理由はいくつかあります。一つ目は，男性であることです。子どものなかには，男の人が怖いと思っている子がいます。もちろん女の人が怖いという場合もありますが，筆者は男性なので，男性の場合を書くことにします。保護者からも，「この子は男の人は苦手で……」と言われることがあります。性別を変えることも，検査者を女性に変更することも難しいため，何とか子どもの怖さを軽減しなくてはなりません。そのため，名札に子どもが好きそうなキャラクターのキーホルダーをつけておいたり，その子どもが身につけているものや好きなことを話題にしたりして，急かさずに安心してもらう工夫は大切です。

　二つ目は，白衣を着ていたことです。病院で勤務していたときに，白衣を着ていたことがありました。その子どもは，入院や注射などで嫌な思いをして，白衣を着ている医師に恐怖を抱いており，白衣を着ている筆者にも恐怖を抱いたようでした。また，白衣でなくても，白いシャツを着ていたときにも，怖がられた経験があります。そんなとき，みなさんであれば，どうされるでしょうか。筆者もどうしようか迷ったのですが，白衣や白い服が怖いとわかっているのであれば，それを脱いだり，それが見えなくなったりすればよいと単純に思いました。そして，白衣から私服に着替えて，白いシャツの上に上着を着て，子どもの前に出ると，子どもは先ほどの怖がっていた（泣き叫んでいた）様子から一変して，初めて出会った人のように仕切り直すこ

とができました。

　白衣を着ていること，白い服を着ていることは，検査をするうえではあまり意味を持ちません。ですが，世の中には，理由はわからないけれども守っていることがたくさんあります。子どもとの出会いや関わりが，理由や背景をあまり考えてこなかったこと，疑問を持たなかったことに直面させてくれるときがあります。そのときには，無意味に固執することなく柔軟に考えてみることで，人として成長させてくれる機会にもなり得ます。子どもは，そのような機会を本当にたくさん与えてくれます。

第2章

発達検査とは

第1節　検査の意義・目的

1. 検査の意義

　検査の意義としては，子どもの特性を知ることができること，それを知ったうえで，子ども自身は自分の日常生活や対人関係に活かすことができること，保護者や先生からすると，子どもの対応や支援に活かすことができること，などが挙げられます。

　目に見えない子どもの特性を，客観的に数値で知ることができるということは，保護者や先生が子どもを理解するうえでも，子どもが保護者や先生に理解してもらううえでも，とても価値のあることです。冷静に考えると，目に見えないもの，知能や発達，性格特性などを数値ではかることができるというのは，とても不思議ですが，その不思議が成り立ち，検査が普及しているのは，検査を作成した人たち，検査を普及させた人たちの相当な尽力があったからこそではないかと思われます。

　知能検査や発達検査では，検査を作成する際に何千人という人を対象に

して検証し，その年齢の平均点や標準偏差，数多くの指標を算出しています。検査を受ける目の前の人が，一人ひとり異なるのは当然のことですが，何千人ものデータと比較して，その人の知的水準や発達特性などを把握できるというのが検査の強みです。

2. 検査の目的

「はじめに」でも述べたとおり，検査を受ける目的は，子どもや保護者の側からするとさまざまです。まずは，子ども自身の得意な特性や苦手な特性を知るため，さらには発達障害や知的障害を抱えているのかどうかを知るためといったことが挙げられます。このような目的でも，子どもや保護者自身が本を読むなりして，発達障害や知的障害を疑って検査を受けようとしているのか，医師や学校の先生に，もしくは健診などで発達障害の疑いがあるのではないかと言われて検査を受けることになったのかでも，検査を受ける子どもや保護者の姿勢は変わってくるので注意が必要です。

その他の目的として，園や学校の先生方に子どもの特性を理解してもらうため，さまざまな手当てを受給したり手帳を取得したりするため，さらにはそれらの更新手続きのためなどが挙げられます。園や学校の先生に子どもの特性を理解してもらうためなら，所見もそれに沿った形で書くことが望ましいでしょう。

検査者は，ただ単に検査を実施するだけではなく，それらの目的を意識したうえで検査を実施する必要があります。しかし，その目的だけを達成すればよいわけではありません。仮に，それが手帳や手当ての更新のための検査であって，公式には数値だけが求められているとしても，数値を出すことだけが目的になってはいけません。どのような場合でも，検査を受ける子どもの全体像を捉えること，少しでも子どもや保護者，子どもと関わる人たちの有益になるように何ができるのかを考えることが大切です。

3 検査の留意点

　検査はもちろん，検査を受ける子どもやその保護者のために実施することは間違いないのですが，誰のニーズでその検査を実施するのかによっても目的が変わってくるでしょう。医師のオーダーで検査を実施する場合は，医師が知りたい情報をできるだけ得る必要があります。自閉スペクトラム症のように，医師が疑っている疾患や障害があるのであれば，その疾患名や障害名に縛られてその視点でしか子どもを見られなくなるのは良くないですが，その視点を重視しながら検査を実施することも大切になります。知能検査や発達検査を受けているときの様子や検査結果から，医師が疑っている疾患や障害の特性は見られるのかどうか，医師の診断補助のために役立つ情報，さらには診断のためだけではなく，一般の診察時間よりも長い時間子どもと関わった検査者が，医師とは異なる視点で捉えた子どもの特性なども，医師に伝えられるとよいでしょう。検査結果を記載する所見にもそのような内容を記載することが求められます。

　一方で，子どもの発達障害の場合に多いですが，保護者や子ども自身が発達障害ではないかと疑い，教育センターや病院で検査を実施する場合もあります。その場合でも，発達障害かどうかといった視点だけに縛られずに，子どもの全体像を把握することが大切です。保護者の場合が多いと思われますが，子どもが発達障害ではないかという思いで検査につながっているため，発達障害に関する情報を検査前後で多く話されたり，問診票のようなものに書かれたりすることがあります。発達障害の概念が普及しているため，保護者は本やネットからの情報で，すでに発達障害の特性などを学ばれていることが多いのも背景にあると思われます。検査者は，それらの情報ももちろん参考にしますが，検査を実施するときにはその情報は頭の片隅に置いておき，時々その情報を思い出しながら検査を実施するこ

とが大切です。

　検査では発達障害の特性があるのかどうかだけではなく，子どもの得意なことと苦手なことも捉えるのですが，仮にその苦手なことが発達障害の特性から来るものであったとしても，苦手なことはどのような条件や状況であれば乗り越えられそうなのかを把握することは，障害があるかどうかに関係なく必要なことです。

　所見でも，保護者から提供された情報に合致するようなこと（発達障害の特性を並べるようなこと）を記載するのではなく，どうすれば日常生活で困っていることを軽減できそうか，より生きやすくなりそうかを考えて，所見を作成することが求められます。

第2節　検査・カウンセリングのそれぞれの強み

▶ 1. 検査の強み

　検査をあまり実施しない人からすると，検査を実施することが億劫^{おっくう}に感じてしまうかもしれません。それは，良い意味でも良くない意味でも，カウンセリングやプレイセラピーに比べて，検査は実施者の自由度が低く，教示や実施法などのマニュアルを覚える必要があるからではないでしょうか。しかし，検査には検査の強みがあります。

　一点目は，発達や知能といった目に見えないものを，他者に数値で客観的に説明できること。二点目は，検査を受けた子どもが，さらには子どもの保護者や子どもと関わる人たちが，検査を受けるまでは想像できていなかった有意義な情報（検査を通してしか得られなかった情報）を得られる可能性があること。三点目は，子どもが検査を最後まで受けられることで，子どもが学習面，対人面に関する自信を持てること，などがあげられます。

　筆者が検査を取り始めた頃は，この三点目には気づくことができません
でしたが，検査に対する緊張感が軽減し，子どもへの関わり方が上手く
なったり検査の手際が良くなったりするにつれて，三点目を実感すること
が多くなりました。特に，子どもが初めて検査を受けたときに，検査後，
保護者は「どうやった（どうだった）？」と子どもに聞くことが多いで
す。それに対して，子どもが「楽しかった！」や「できた！」と笑顔で心
から言っているところを見て，「あっ，検査の良いところがここにもあっ
た！」と衝撃を受けたことを今でも覚えています。普段，学校の勉強では
成績が良くない子どもでも，検査は正解／不正解を子どもに対して言わな
いこともあってか，検査を最後まで受けることで，「自分にもできる勉強
がある」と実感し自信を持つことができます。検査の強みの一点目に挙げ
た，数値が出ることで客観的に他者に子どもの特性を伝えられること，二
点目に挙げた，検査でしか得られない有意義な情報が得られる可能性があ
ること，これらは検査者の態度や手際の良さは大きくは反映されないかも
しれません。しかし，三点目の検査を通しての子どもの自信の向上は，検
査者の態度や手際の良さが大きく反映されると思われます。
　誰が検査を実施しても，数値は変わらないかもしれませんが，それより
も大切かもしれない子どもの自信や意欲は，検査者の習熟度が反映されま
す。これは，検査者が何百何千例と検査を実施しても，まだまだ研鑽を積
む意欲を高めてくれるものと考えるとよいでしょう。

2. カウンセリング・プレイセラピーの強み

　一方で，検査ではなく子どもの話を聴く，遊びのなかで情報を得るな
ど，カウンセリングやプレイセラピーでのアセスメントの強みを挙げてみ
ましょう。一点目は，検査よりも短時間で実施することもでき（子どもに
合わせて臨機応変に時間も変えられるということ），さらには日常生活に

近い状況で，子どもの全体像を把握できる可能性があること。二点目は，検査者（子どもと関わるセラピスト）がそのとき必要としている情報を得やすいこと。三点目は，子どもが1対1の関係を築くことができたと感じられることで，今後の対人関係への自信につながること，などが挙げられます。

　知能検査や発達検査ではなく，描画や文章完成法などでのアセスメントを通して，生きる意欲があるのか，対人関係に関する不安が強いのか，家族の中での立ち位置はどうなのかといった，さまざまな情報を知ることはできます。しかし，どうして生きる意欲が低いのか，どうして対人関係に関する不安が強いのか，ある出来事が起こったきっかけや普段の様子など，より具体的なものは検査だけでは見えにくく，臨機応変な関わりができるカウンセリングやプレイセラピーでのアセスメントによって得られる部分が大きいのではないでしょうか。

3. バランス感覚

　しかし，検査を受けられる子どもは，カウンセリングやプレイセラピーでも関わることができ，カウンセリングやプレイセラピーで関われる子どもは，検査を受けられることが多いのではないかと思います。子どもの全体像を把握することにおいては，検査だけを実施するにしても，カウンセリングやプレイセラピーを通してしか得られない視点を持つことが大切で，カウンセリングやプレイセラピーだけを実施するにしても，検査を通してしか得られない視点を持つことが大切になります。子どもにとっても，検査者（セラピスト）にとっても，検査のほうがよいのか，カウンセリングやプレイセラピーのほうがよいのかといった好みはあるでしょう。しかし，検査だけ，カウンセリングやプレイセラピーだけといったように，そのどちらかだけに精通すればよいというわけでもないということです。

　あくまで筆者の体験ですが，検査の数を重ねるにつれて，検査を実施しているときに，目の前に子どもがいて，今は検査を取っているという感覚が，良い意味でも良くない意味でも薄れてきたときがありました。検査を実施しながら，検査ではかることのできる子どもの特性を把握している一方で，子どもの自尊心やレジリエンスなど，今実施している検査ではかることのできない子どもの一面も同時に理解しようとしている自分がいました。上手く表現することが難しいですが，検査という限られた時間のなかで，子どもをできるだけ全体的に，多角的に理解するためには，検査の視点だけに偏るのではなく，カウンセリングやプレイセラピーの視点も意識しながら，目の前の子どもに関わる必要があります。そのような意識をもって子どもに関わると，検査とプレイセラピーの視点が同時並行で存在している感覚を覚えることがあります。

　青木（2017）は，「臨床においては，主観的な体験の理解と客観的な観察のバランスが大切である」と述べています。この二つの態度が両立していることを，サリヴァン（Sullivan, 1954）は「関与しながらの観察」と呼び，村瀬（2014）は「半身は……，半身は……」「一人称，二人称，三人称」と言い，また神田橋（1994）は「離魂融合」「空中に浮かぶ自分の眼球というイメージ」などと表現しています。さらに，前田（1999）は『花鏡』の"離見の見"を引用しながら，「面接者は相手を細かく観察する『第一の目』をもつと同時に，相手の目になって自分を見る『第二の目』が要る。さらに自分をふくめて二人の関係全体を，イメージとして見るための『第三の目』が必要である」と述べています（p.54）。

　目の前の子どもの全体像を把握するためにも，子どもにとって検査の時間をより有意義なものとするためにも，検査とカウンセリング・プレイセラピーにおける視点のバランス，主観的な体験の理解と客観的な観察のバランスを保つことが大切になります。一筋縄ではいきませんが，これらのバランスを保つように常に心がける姿勢が，検査者には求められるのです。

　検査者からすると，目の前の子どもは何百何千人のなかの一人の子どもかもしれませんが，実際に検査を受ける子どもやその保護者からすると，検査者以上に，検査を受けるそのときが本当に大切な時間で，人生のなかで数少ない体験の場，出会いの場になり，その後の人生を左右する可能性もある場になるため，検査者はそのことも常に意識しておかなければなりません。

✎まとめ

1　どのような目的で検査を受けるとしても，検査の数値を出すことだけが目的になってはいけません。検査を受ける子どもの全体像を捉えること，少しでも子どもや保護者，子どもと関わる人たちの有益になるように何ができるのかを考えることが大切です。

2　検査者は，事前情報を参考にはしますが，検査を実施するときにはその情報は頭の片隅に置いておき，時々その情報を思い出しながら，検査を実施することが大切です。

3　検査の強みの一つとして，子どもが検査を最後まで受けられることから，子どもが学習面，対人面に関する自信を持てることが挙げられます。数値の算出と同様に，もしくはそれ以上に大切な子どもの自信や意欲の向上には，検査者の習熟度が反映されます。

4　子どもの全体像を把握することにおいて，検査だけを実施するにしても，カウンセリングやプレイセラピーを通してしか得られない視点を持つことが大切で，カウンセリングやプレイセラピーだけを実施するにしても，検査を通してしか得られない視点を持つことが大切です。

骨を鳴らす検査者？　ペンを回す検査者？

▲●■▲●■▲●■▲●■▲●■▲●■▲●■▲●■▲●■▲●■

　みなさんは，自分の癖を持っていますか。そして，それに気づいています
か。検査中にも，検査者のいろいろな癖が出ることがあります。検査場面に
限られるものもあれば，日頃の癖が検査場面にも出るものもあります。それ
らは，検査に影響を与えないものもありますが，検査に影響を与えるものも
あります。ここでは，検査者の日頃の癖が検査場面にも出て，それが検査に
与える影響について考えてみたいと思います。

　タイトルにもあるように，指や手首，ひざや足首，首や肩の骨を鳴らす人
は，老若男女問わず，少なからずいるでしょう。検査者のなかにも，日頃か
ら体のどこかの骨を鳴らしていて，検査場面でも同じように骨を鳴らす人が
いると思います。首や肩以外は，大きな動きをせずに，検査を受ける子ども
に動きを見られることなく，骨を鳴らすことができます。ただ，子どもが考
えている最中や書いている最中に，検査者の骨を鳴らす音が聞こえると，ど
んな気持ちになるでしょうか。子どものなかには，「(自分が答えるのが遅い
ことで) 検査者が手持ち無沙汰になっているのではないか」「検査者がイラ
イラしているのではないか」と思ってしまう子どもがいるかもしれません。
そうすると，「早く答えないといけない」「間違ってはいけない」と思い，不
安が高くなるでしょう。

　首や肩の骨を鳴らす場合は，検査者が首を横に傾けるなどの動きを子ども
が見る可能性もあります。首や肩以外の骨を鳴らす場合に，子どもにはその
動きが見えず，いきなり骨を鳴らす音だけが聞こえることも不安になると思
いますが，検査者が首を傾ける動きそのものでも不安が高くなるかもしれま

20

せん。

　ペンを回す行為も同様で，それを見た子どものなかには，「早く答えない
といけない」「間違ってはいけない」と不安が高くなる子どももいるでしょ
う。ペンを回す行為の場合は，それを見た子どもが見入ってしまい，集中が
途切れる可能性があり，ペンを落とした場合には，子どもをびっくりさせた
り集中を途切れさせたりする一因にもなりかねません。

　癖がやっかいなのは，その人自身が，それをしている自覚を持てない場合
があることです。このコラムを読んで，そういえば自分も検査中に骨を鳴ら
しているかもしれない，ペンを回しているかもしれないと思われた方もいる
でしょう。さらに，骨を鳴らす行為やペンを回す行為は，自分が話していな
いときや書いていないときに出ることが多いでしょう。つまり，子どもが考
えているときや書いているときに，それらの癖は出やすくなるため，子ども
は余計に気づきやすく，不安も高くなりやすいのです。

　骨を鳴らす，ペンを回すなど，日頃何気なくする行為でも，検査に臨むと
きには注意を払う必要があります。

第3章
子どもと保護者のための検査となるために

第1節　求められる検査者像

▶ 1. 子どもや保護者が求める検査者

　カウンセリングの場合と同様，検査においても，子どもや保護者は，「この人になら話してもいい」「この人は自分のことを考えてくれている」と思える検査者の検査を受けたいものです。検査者も一人の人間であるため，すべての子どもや保護者にそのように思ってもらえることは難しいですが，その範囲を広げる努力はし続けなければなりません。以下に，村瀬（2019）が実施した興味深いアンケート結果があるので引用します。子どもには，「出会いたかった大人はどのような人か」を尋ね，保護者には「どのような支援者を望むか」を尋ねたものです。

　子どものクライエントが出会いたかった大人（子どもへのアンケート）
　　（1）よく聴いてくれる人，言いくるめない
　　（2）一緒に行動してくれる人，座って口だけではない

(3) 一つの答えではなく，三通りくらいの案を考えつく人

(4) 待ってくれる人（時熟を識る人）

(5) ユーモアのセンスがある，楽しい人，真面目だけではない

子どものクライエントの親が支援者に望むこと（親へのアンケート）

(1) 事実を認め，子どもに人格を認める

(2) 本当に優しい人，本気で人の話を聴く人

(3) 優しいなかに一本筋が通っている

(4) 同じ地平に立ってくれる，子どもを軽く見ない

(5) 観念的な本の理屈を言わない

(6) こちらの立場になって考えることができる人

(7) 度量が広い，人を見下さない

(8) 良いところを見つけようとする姿勢が確か

(9) 親の努力を小さいことでも認め，励ましてくれる

(10) ベテランだと自己満足していない

(11) 勉強しようという気持ちを持ち続け，実行している

　ここに書かれていることは，カウンセリングについてのアンケート結果ですが，第2章でも説明したように，検査についても同じように考えることができます。検査場面では，一期一会の場面で子どもや保護者に検査者の心配りを伝える必要がある分，継続的に会える可能性があるカウンセリング場面よりも難しいかもしれません。しかし，だからこそ検査場面で，検査者のそのような心配りが子どもや保護者に伝わると，子どもや保護者のその後にプラスの影響を与える可能性があるのです。

　また，検査を実施し数値を出して所見を書くだけでは，子どもや保護者の役に立っているという実感を持ちにくい検査者もいるのではないでしょうか。しかし，村瀬のアンケートのような検査者像を目指すことで，子ど

もや保護者のその後にもプラスの影響を与え，検査者自身も少しでも力に
なれたという実感を高められるかもしれません。

2 子どもの土俵に立つこと

　さらに，子どもの年齢がより低い場合を考えるために，検査者（セラ
ピスト）に求められる姿勢を追記します。「セラピストは自分の土俵でな
く，その子どもの土俵に上がって，その子どものアルファベットを使える
か，少なくとも使おうとする努力をするか，その子どもが今用いている
ルールをまずは知ってみることが望まれる」（村瀬，2006）。
　筆者が検査を取り始めて2年目ぐらいのことでした。知的な遅れと自閉
スペクトラム症をもつ子どもと出会いました。部屋に入ることはできまし
たが，椅子に座っていることは難しく，筆者が必死に注意を引こうと呼び
かけても反応がなく，検査用具を出しても見てくれませんでした。何とか
検査を取ろうとしましたが，課題はほとんどできず，行動観察を実施して
いた医師が保護者から聞き取りを行い，その間に筆者が子どもと一緒にい
ることになりました。検査を通して，表情の変化はほとんどなく視線が合
うこともありませんでしたが，廊下の換気扇の音か羽根の動きが気になっ
たようで，上を見ていることが多いことに気づきました。筆者は，換気
扇を近くで見たいのかもしれないと思い，「あそこ気になるな」と換気扇
を指さしながら子どもに声をかけました。換気扇の真下に立ち，子ども
に「抱っこしようか」と声をかけて抱っこの格好をすると，子どもは検査
者のほうに寄ってきて抱っこに応じました。事前情報では，感覚過敏があ
り，人に触られることが苦手であるという情報もありましたが，それでも
その子は抱っこをされて換気扇を近くで見ました。すると，検査場面では
見られなかった笑顔が見られ，検査者と視線が合う瞬間がありました。
　この子どもの場合，興味のある換気扇を通してであれば，指さしの先を

見ることができ，人に何かをしてもらうように要求することもできたのです。これは検査の課題だけでは見えてこなかったため，検査者が見ようとしないと見えなかった一面でした。

　検査を実施しようとするあまり，検査者と子どもが同じ土俵に立っていなかったことに気がつきました。検査者が子どもの土俵に立とうとするのではなく，子どもに検査者の土俵に立つように求めていたのでした。もちろん検査場面では，検査者の土俵に子どもに立ってもらう必要があります。しかし，まずは子どもの土俵に立って関係性を形成すること，あるいは検査者の土俵に立ってもらうにしても，その土俵に立ってもらいやすくする心配りが何よりも大切ではないでしょうか。

第2節　検査を受ける意味がわからない

　そもそも検査は，誰のどのような目的で，実施されるのでしょうか。そう考えたとき，子どもの年齢が低いほど，子ども自らが検査を受けたいと思って受けることはほとんどありません。そのため，検査を受ける直前まで，検査を受ける意味がわからない，そもそもどうして自分が今ここにいるのかわからないといった境遇に置かれる子どももいます。

　村瀬（2006）は，そのような子どもたちを目の前にするときに，検査者として持つべき態度を以下のように述べています。「基本的にはすべてのクライエントに対してではあるが，とりわけ心理的かつ社会経済的に受け身的立場にあり，かつ心身ともに成長途上に未だある人々に対するときは，自立心，自尊心を護るように心懸けたい」。そのため，検査を実施する前に，まずは子どもの話を聴き，検査に対して納得と了承が得られてから検査を実施することが望まれます。就学前の子どもであっても，大人が真摯に伝えようとすると，その内容のすべてを理解できないとしても，自分のことを想って伝えてくれているということを，感じ取るものです。そ

れが，検査に対する不安や不満を軽減することにつながり，子どもの力を
発揮することにもつながります。

　これまでの筆者の経験上，子どものなかには，「検査を受けないほう
が，後から面倒なことになるから」という理由で検査を受けてくれる子ど
ももいました。支援学級に入るか入らないか，それをはっきりさせるため
に，学校が検査を受けるように保護者に強く求めており，それを子ども本
人が聞いていたのでした。

　そもそも，支援学級を利用するのかしないのかといったことも，子ども
の意思を確認するべきです。そこで生活し学習をするのは，まぎれもなく
子ども本人だからです。しかし，その子どもは，支援学級を利用するかど
うか，そのための検査を受けるかどうかも，大人の意思で決められて，こ
の子どもが最も大人な対応をしていたのでした。検査を受けないことを提
案することもできたかもしれませんが，筆者は当時，そのような提案をす
ることはできず，ただ保護者や医師に子どものそのような思いを伝えるこ
としかできませんでした。検査が終わったとき，子どもには感謝の気持ち
と申し訳ない気持ちが入り混じった何とも言えない気持ちになりました。
保護者や学校の先生の考え，子どもの置かれた状況を変えられるほどの力
がなかったこと，変えようとする意志を持てなかった検査者の弱さを感じ
ました。子どもは受け身的な存在であるのかもしれませんが，それは子ど
も自身の力や意思がないということではありません。検査者として，ただ
検査を実施するだけではなく，子どもがもつ力や意思を汲み取り代弁す
る，子どもの周囲の理解を得ようとする姿勢も必要でしょう。

　検査を受けてくれることが当たり前のことと思わず，子どもにもさまざ
まな思いや事情があって検査の場にいるということを忘れてはなりません。

第3節　検査前のさまざまな情報

▶ 1. 事前情報の活かし方

　実際に子どもに検査を実施する前に，紹介状や問診票，事前の診察やカルテなど，さまざまな情報を入手できることがあります。検査者自身が子どもや保護者から話を聞いている場合もあれば，そうではない場合もあるでしょう。検査を受ける子どものことを何も知らずに検査を実施するのは，検査の主な目的から外れてしまうかもしれませんし，検査者自身が落ち着いて検査を実施するためにも，事前情報があれば，それを把握することは必要です。しかし，村瀬は，事前情報に頼りすぎてはいけないことを以下のように示唆しています。

　　　出会う前に資料があれば，それをも含めるが，まず出会いの瞬間からクライエントの言語的・非言語的表現を大切に受けとるようにする。仮に沈黙を続けるクライエントがいれば，そうする必然性について想いをめぐらし，沈黙のうちに味わっているであろう当人の苦痛や不安について追体験するこころもちで想像してみる。被査定者は自分自身をどう捉えているのか，この世界がどういう性質をもつものとして受けとめられているのか，想いをめぐらせてみる。被査定者が自分の気持や状況の必然性が伝わりうるのだという感覚をもてるように。

　　　　　　　　　　　　　　　　　　　　　　　（村瀬，2018，pp. 74-75）

　たとえば，検査場面で沈黙を続ける子どもの場合，事前に「場面緘黙」という情報があったとします。場面緘黙だから，目の前の子どもは話さない，検査者の質問に答えられないのは当然だと捉えるだけでは意味があり

ません。表に出ている現象だけを捉えるのではなく，目の前の子どもが今沈黙している背景には何があるのかということに想いをめぐらし追体験をすることが，子どもの全体像を把握するために大切です。

2. 「ADHD の子ども」ではなく……

ここで，筆者が検査を取り始めたばかりの頃の体験を述べてみたいと思います。事前情報で，その子どもは ADHD[*1] の診断がすでにについており，学校の授業中に教室を飛び出すこともあり，医師の診察時は椅子に座っていられなかったということがわかっていました。実際に，筆者が検査を実施すると，椅子に座っていても体を動かすことが多く，筆者の横に置いていた検査用具が気になり何度も覗きこもうとしていました。筆者は，その度に「椅子に座って」や「順番に出していくから」と言って検査用具を見せませんでした。すると，20 分ほどしてからその子どもは検査室を飛び出しました。子どもに何かあったときに対応してもらうために，検査中は保護者には近くの待合室で待っていただくことを検査前に了承してもらっていたのですが，その子どもが検査室を飛び出したときに保護者は近くにはいませんでした。いずれにせよ，筆者はすぐに子どもを追いかけました。どこに行ったかと思えば，検査室に入る前に気になっていたプレイルームに入っていました。

最初，筆者は「入ったらあかんよ」「あっちの部屋（検査室）に戻って続きをしよう」といった声をかけていたと思いますが，このときの筆者は自分のことしか考えられていませんでした。検査を最後まで実施しなければならない，予約が入っていないときにプレイルームを使ってはいけない，玩具を壊されてしまったらどうしよう（上司に怒られる……），と

*1　ADHD: Attention-Deficit/Hyperactivity Disorder（注意欠如多動症）。

いったことに縛られて，子どもがどうして検査室を飛び出したのか，子どもが何を考えているのかということを想像しようともしていませんでした。もちろん子どもに筆者の声は響かず，プレイルームの棚から玩具を順番にすべて出していきました。しかし，どの玩具でも遊びません。

このときになって初めて筆者は，子どもの思いに身を寄せることができました。「そうか，遊びたいから遊んでいるわけではなく，気になって仕方がなく，それを抑えることができないのは，この子にとっても苦痛なのかもしれない」と感じました。そうすると，筆者の声かけや行動も変えることができました。「何があるのか気になるよな。見てみないと落ち着かへんよな。じゃあ，一回全部見て片付けてから，さっきの続きをしようか」と声をかけました。すると，その声かけは子どもに響いたようで，その後一緒に棚に入っている玩具をすべて出して片付けました。筆者と一緒にその作業をすると，玩具を乱暴に扱うこともありませんでした。それどころか，片付けの際に，筆者は棚のどこに何があったかを忘れてしまっていたものもありましたが，その子どもはすべて覚えていて筆者に場所を教えてくれることもあり，感心しました。交流できているという実感を持てて嬉しい感情もありました。

その後，検査室に戻ったときに，その子どもが検査中に検査用具を気にしていたことを思い出しました。「これも気になって集中しにくいよなぁ」と声をかけると，その子は笑顔でうなずきました。そのため，本当は良くないかもしれませんが，検査用具を一度すべて見せてから，その順番も伝えました。すると，その後は集中が途切れることなく，検査を最後まで実施することができました。検査が終わって帰るときに，筆者の主観であるかもしれませんが，その子がとても名残惜しそうにしていたのが印象的でした。

3. 事前情報に縛られないこと

　事前情報として，ADHDで座っていられないというものがありました。だからこそ，検査が始まって落ち着きがない様子を見たときに，心構えがあったために，「たしかにそうかもしれない」と安心することはできました。しかし，座っていられない背景には気になったものを自分で確かめずにはいられないといったものがあり，それが子どもの好奇心の強さでもあり，同時に苦痛のもとになるものでした。その子からすると，一つのことに集中したいし，集中しないといけないことはわかっているのに，どうしても気になったものを確かめずにはいられないのです。それを抑えようとして，椅子に座っていても体を動かすこともあります。体を動かすのは，何とか集中しようとしている子どもの頑張りでもありました。しかし，ADHDで椅子に座っていられないという情報だけでは，子どものその頑張りを認めることもできませんし，どうすればその子どもの苦痛を軽減することができるのかといったことを考えられません。また，情報が少ないため詳細に述べることはできませんが，筆者とその子どもとのやり取りや子どものことを伝えたときの保護者の反応などから，愛着の問題も絡んでいる可能性もありました。

　少し話がそれてしまいますが，愛着の問題を考えるときにも，保護者を悪者にして，「子どもとの時間を増やしてください」「子どもとの関わりを工夫してください」といった杓子定規的なことを伝えるのではなく，保護者が子どもに対してそのような態度や行動を取る背景には何があるのかを考えて追体験することが求められます。

　話をもとに戻すと，事前情報を把握してそれを検査場面で確かめることが目的ではありません。その背景には何があるのか，子どもが少しでも生きやすくなるためには何ができそうなのかといったことを，目の前の子ど

もとのやり取りのなかで考え続けることが大切です。

第4節　検査前の子どもや保護者とのやりとり

▶ 1. 子どもや保護者は不安を抱えている

　検査を始める前の段階においても，子どものために考えることはたくさんあります。検査前の子どもと保護者とのやり取りも，検査者がどのような機関や施設で検査を実施するのか，どのような目的で検査を実施するのかによっても異なるでしょう。いきなり子どもだけに検査を実施する部屋に入ってもらっては，子どもは不安が高いままとなり，部屋に入ることを拒む可能性もありますし，検査者への不信感を抱くかもしれません。また，保護者からすると，今から誰が何をするのか，どれぐらいの時間待っておけばいいのかなど，わからないことや不安なことが多くなり，検査者に子どもを任せても大丈夫なのかといった疑念や不信感を抱くことでしょう。そのため，検査の具体的な注意点などは，検査の導入として検査を実施する直前に子どもに伝えるとしても，検査を実施する部屋に子どもが入る前に，子どもと保護者に検査全体の説明をすることが必要ではないでしょうか。

　ここで筆者の検査前の子どもと保護者とのやりとりを考えてみます。これは病院で検査を実施するときも，健診目的で役所で検査を実施するときも同じです。まずは，当たり前のことですが，自己紹介をします。その後，検査を実施する部屋にはできれば子ども一人で入ってもらうこと（子どもが一人で検査を受けるかどうかは，検査を実施する機関によって異なるでしょう），検査が終わるまでのだいたいの時間を伝えます。また，子どもにトイレに行っておかなくても大丈夫かどうかを尋ねます。

2. 自己紹介の注意点

　ここまでのやりとりでも注意する点があります。子どもの年齢が低いほど，保護者だけに自己紹介や検査の説明をしてしまう検査者がいるかもしれません。それは，自己紹介はともかく，子どもに説明をしてもわからないという思いが検査者にあるためかもしれず注意が必要です。たとえ子どもが説明の内容をわからないとしても，あなたに伝えようとしているという心配りが子どもに伝わることが大切です。検査者が心から子どもに向き合うと，子どもは子どもなりに理解をしてくれるものです。そのため，保護者に自己紹介をするときは，保護者が立っていたら検査者も立って名乗るのはよいと思いますが，子どもに自己紹介をするときは，子どもの視線の高さに合わせるために検査者はしゃがむほうが望ましいでしょう。それに，保護者には口頭で名前を伝えるだけでもよいですし，名札があるなら漢字で書かれた名前を見せることもよいでしょう。一方で，子どもに名前を伝えるときは，保護者と同じようにしてもよいですが，子どもがよりわかりやすいように，ひらがなで書いた名前を名札の中に入れておき，それを見せながら自己紹介してもよいでしょう。

3. 検査時間を伝える際の注意点

　検査時間を伝えることにおいても，保護者には「だいたい1時間ぐらいで終わると思います」と伝えるのはよいですが，子どもにはそれに加えて，「学校の授業よりもちょっと長いぐらいかな」と子どもが理解しやすい時間感覚で伝えるとよいかもしれません。そのように伝えることで，子どももトイレに行っておいたほうがよいのかを考えやすくなります。

▶ 4. 飲み物の持ち込みについての考え方

　子どもや保護者によっては，飲み物を検査を実施する部屋に持ち込んでもよいのかを聞いてくることもあります。これはあくまで筆者の考えですが，飲み物は持って入ってもよいことにしています。というのも，検査中に飲み物を飲めたほうが一息つくことができて意欲を持続しやすい子どもが多く，また飲み物を飲みに，何度も部屋から出ようとする子どももいるため，それなら部屋の中に飲み物を持って入ったほうが，メリットが大きいと考えているからです。

　ただこれも，どのような子どもに対しても同じというわけではありません。たとえば，検査を実施する部屋に入る前から，炭酸飲料を飲んではいるけれども，それよりも振って遊んでいる子どももいます。その場合は，部屋に持って入ると，炭酸飲料が気になってしまい課題に集中できない可能性が出てくるため，部屋に入る前に保護者に預かってもらうほうが，メリットが大きいと考えます。目安や基準を持っておくことも必要ですが，あくまでその場その場で考える姿勢が必要になります。

▶ 5. 玩具の持ち込みについての考え方

　また，就学前の子どもに時々見られるケースですが，家から持ってきた人形や玩具を部屋に持って入ろうとする子どももいます。人形や玩具を手元から離さない場合は，両手が使えず検査全体に支障が出ますし，玩具で遊び続ける場合は課題を実施できない可能性も高いでしょう。そのため，そのまま部屋に入ってもらうことはデメリットが多そうです。しかし，検査者や保護者が無理に人形や玩具を取ろうとすると，子どもがかんしゃくを起こしたりして，検査を実施できなくなることもありますし，何より子

どもが嫌な思いをしてしまいます。そこで臨機応変に考える必要があります。検査で使う道具を子どもに見せて，「今からこれ（検査で使う積木など）を使って遊ぶ（お勉強する）から，これ（子どもが離さない人形や玩具）はお母さんに持っといてもらってもいいかな」とお願いをしてみます。

　言葉で伝えるだけではなく，課題で使う道具を見せること（次の行動で使うものを見せること）で，納得してくれる子どももいます。しかし，検査で使う道具が魅力的ではないのかもしれませんが，それでも人形や玩具を離さない子どももいます。次に考えるのは，子どものペースに合わせた対応です。たとえば，人形やフィギュアを離さない場合は，その人形やフィギュアのための家を何かの道具で見立てて，「じゃあ，この家で寝んねしとこっか（待っといてもらおっか）」と伝えて置いてもらいます。車や電車の玩具を離さない場合は，駐車場や車庫を何かの道具で見立てて，「じゃあ，ここに停めとこっか」といった声かけをします。そして，それを保護者に預かってもらうか，部屋の中の少し離れたところに置いておきます。一度手放すことができると，意外にそのものには執着せず切り替えられることが多いようです。

　しかし，家から持ってきた人形や玩具を部屋に持って入っても，検査を実施できる可能性もあります。子どもを傷つけないためにも，どうしても手放せない場合は，無理に手放してもらう必要はありません。検査者のために検査を実施するのではなく，子どものために検査を実施することを忘れてはなりません。人形や玩具を手放せないことも子どもにとっての何かのサインで，検査の数値とは直接の関係はありませんが，それを理解しようとすること自体が子どもの今後の支援を考えるうえで重要なポイントかもしれません。

6. 検査時間になっても子どもの準備ができていない場合

　他にも，検査の時間になって，もしくは検査の予定時間よりも早く検査を始めようとすると，子どもが朝ご飯や昼ご飯を食べていることがあります。これに対して，読者のみなさんはどのように考えるでしょうか。早く始めようとした場合はともかく，検査の時間になっている場合は，時間になっているのにまだ食べているのかと考えるでしょうか。しかし，子どもや保護者は急いで準備して，朝ご飯も食べずに家を出たのではないでしょうか。また給食も食べずに（今日の給食の献立を楽しみにしていたのかもしれないのに）学校を抜けてきたのではないでしょうか。保護者は検査者に気を遣って，速く食べるように急かしたり，「後にしなさい」と言ったりすることもありますが，そのような背景を考えると，急いで来てくれたこと，学校を抜けてきてくれたことに対して，感謝の気持ちを持てるのではないでしょうか。

　また，小中学生の場合は，学校を早退したことでクラスのみんなから何か言われているかもしれません。それなのに学校を抜けてきてくれていることを考えると，申し訳ない気持ちも抱くかもしれません。このような気持ちを持てると，「ゆっくり食べてからで大丈夫やで，食べ終わったら教えて」と心から伝えられる選択肢も出てくるのです。

　また検査の時間になっても，子どもが本を読んでいたり，検査者が保護者の質問に答えるなどしていると新しい本を読み始めたりすることもあります。子どもからすると，検査者が来たらすぐに部屋に入ると思っていたのにまだ保護者と話をするのか，と思っているかもしれません。このような場合，検査の時間になったから，保護者への説明が終わったからといって，すぐに検査を始めようとしたり部屋に入ってもらおうとしたりすると，子どもは自分のペースを守ってもらえていない感覚を抱くのではない

でしょうか。そのため，まずは子どもが読んでいる本のことを話題にして，「何読んでるん？」「（車の図鑑であれば）車好きなん？」と質問します。「じゃあ，この本終わったら始めよっか」と提案をするなど，子どものペースや主体性を尊重することが大切です。検査前のこうしたやり取りがあることによって，子どもは気持ちよく検査を受けることができます。

7. 検査に陪席者が入る場合の対応

　その他にも，病院であれば研修医，大学の機関であれば大学院生などの陪席者がいる場合を少し考えてみたいと思います。子どもからすると，初めて出会う検査者一人でも緊張するのに，さらに別の大人がいると緊張感や圧迫感がより強くなるかもしれません。それをただ子どもに伝えて許可をもらうだけでもよいですが，たとえば，「椅子からはみ出すぐらいおっきいお兄ちゃんがいてんねん，もし気になるんやったら言ってくれたらいいからな，ちょっと一緒に覗いてみよっか」と少しユーモアを混ぜて伝えてみます。部屋に入って椅子に座り，「おっきいやろ？　大丈夫そう？」と笑いながら小声で聞いてみます。こういったやり取りがあることで，子どもの不安は軽減し，落ち着いて検査に取り組むことができる場合が多いです。

　新人の頃は特に，予定していたこと，思っていたことと違うことが起きたり，自分が思っていたような環境でなかったりすると，慌てたり，イライラしてしまったりすることもあります。しかし，その状況になってしまったことは仕方がないので，せっかくのその機会や状況を活かしてみようと考えると，気持ちに余裕が生まれて，検査者にとっても子どもにとってもプラスの効果となることがあります。つまり，ここで挙げたように陪席者がいきなり入ることになったとしても，利用できるものはすべて利用する，普段と違うことが起きたらその状況を楽しむ，といった視点を持つ

ことが，子どものためになるのです。

第5節　ラポールの形成

　子どもが安心して検査を受けるためには，ラポールの形成は大切です。ラポールとはフランス語で「持ち寄る」という意味です。臨床的なカウンセリングでは「受容的，親密な関係性」を表しますが，司法面接（法的な判断のために使用することのできる精度の高い情報を，被面接者の心理的負担に配慮しつつ得るための面接法）（仲，2016）におけるラポール形成は「リラックスして話せる関係性」の構築を目指します（Home Office & Department of Health, 1992）。司法面接におけるラポール形成は，検査場面に通じるものがあります。

　司法面接の場におけるラポール形成の実験（Sternberg et al., 1997）ですが，興味深い結果が出ています。ラポール形成時に，その国で有名なお祭りについて，オープン質問（「はい」や「いいえ」で答えるものではなく，発話者が自由に話しやすい質問）で会話をする群と，クローズド質問（「はい」「いいえ」で答えられる質問）で会話をする群に分けました。すると，司法面接における最初の発話の語数および詳細情報は，オープン質問群が，クローズド質問群の約2.5倍でした。また，オープン質問群の子どもは，面接の後半においてもより多くの情報を提供しました。

　これは，検査場面においても重要な示唆となります。ラポールをどのように形成するか，検査が始まる前にどのように子どもとやり取りするかによって，その後の検査で，子どもの答える量や質が変わってくる可能性があるということです。マニュアルには，ラポールの形成において，何をどのように話すか，どのように振る舞うかなどは記載されておらず，検査者の裁量に委ねられていますが，これが検査の結果全体に影響を及ぼしうることを意識しておく必要があります。マニュアルどおりに検査を実施でき

ることが，質の高い検査者であるかというとそうではなく，どのように子どもと良好な関係性を形成するかといったことまで考えて実行できることが，質の高い検査者の条件の一つでもあります。

✎まとめ—————————————————————————

① 検査場面では，検査者の土俵に子どもに立ってもらう必要があります。しかし，まずは子どもの土俵に立って関係性を形成すること，あるいは検査者の土俵に立ってもらうにしても，その土俵に立ってもらいやすくする心配りが何よりも大切です。

② 検査者として，ただ検査を実施するだけではなく，子どもがもつ力や意思を汲み取り代弁する，子どもの周囲の理解を得ようとする姿勢も必要でしょう。検査を受けてくれることが当たり前のことと思わず，子どもにもさまざまな思いや事情があって検査の場にいるということを忘れてはなりません。

③ 事前情報を把握して，それを検査場面で確かめることが目的ではありません。その背景には何があるのか，子どもが少しでも生きやすくなるためには何ができそうなのかといったことを，目の前の子どもとのやり取りのなかで考え続けることが大切です。

④ 子どもと検査者のラポール（信頼関係）をどのように形成するか，検査が始まる前にどのように子どもとやり取りするかによって，その後の検査で，子どもの答える量や質が変わってくる可能性があります。そのため，検査前の子どもと出会った瞬間から，子どものペースや主体性を尊重することが大切です。

たかが鉛筆，されど鉛筆

　多くの検査では，鉛筆を用いる課題があります。ここでは，その鉛筆について考えてみたいと思います。検査に用いる鉛筆は，濃さは決まっている（推奨されている）ことがありますが，長さや形に決まりはありません。子どもであれば，短めの鉛筆は持ちやすく書きやすいかもしれません。大人であれば，短い鉛筆は持ちにくく書きにくいかもしれません。そのあたりに配慮するのかどうかは，検査者の判断に委ねられています。短い鉛筆を用意しようと思うと，もともと短い鉛筆を買うことができればよいのですが，通常の長さの鉛筆の場合は，新しく買った鉛筆を何度も削って短くする必要があります。「そこまでしなくてもよいのではないか」「それぐらいするのは当然だ」あなたはどちらの考えでしょうか。

　それはさておき，鉛筆には長さだけではなく，形にも違いがあります。六角，三角，丸が主な形のようです。みなさんは，それらの握り心地の違いを感じたことはありますか。感覚過敏が特徴の一つでもある，自閉スペクトラム症の子どもで，鉛筆を持ちたくないと言う子に私は出会ったことがあります。それは，六角鉛筆や三角鉛筆は，握ったときにごつごつとした感覚があるため，それに耐えられないことが理由のようでした。そのときに，六角鉛筆以外では，赤色の丸鉛筆，シャープペンシルかボールペンしかなかったのですが，赤色の丸鉛筆で課題に取り組んでもらったことがあります。

　筆者が出会った子どもは，「鉛筆を持ちたくない」と言ってくれたので，丸鉛筆で取り組んでもらうという対応を取ることができましたが，子どもが何も言わなければ気づけなかったかもしれません。このように，鉛筆一本を

考えてみても，感覚の過敏さによって，検査に影響が出ることもあります。そうなると，検査室の明るさや広さ，検査室で目に入るものや耳から聞こえてくるもの，机の高さや材質，椅子の硬さや大きさ，材質や種類，検査室全体の匂いなど，本当にさまざまなものが感覚に過敏さを持つ子どもに影響を及ぼす可能性があります。

　検査を実施する部屋は，検査者自身がすべてを設定することは難しいかもしれません。しかし，検査を受ける子どもの立場になってみて，まずは検査を実施する部屋に入り，その子どもが座る椅子に座ってみて，どのような感覚を抱くのかを感じてみることで，何かが見えてくるかもしれません。それが，検査を受ける子どものことをより考えられることにつながるかもしれません。

第4章
マニュアルの背景にあるもの

第1節　WISC（Wechsler Intelligence Scale for Children：ウェクスラー児童用知能検査）とは

　WISC-Ⅳ（Wechsler Intelligence Scale for Children-Fourth Edition：ウェクスラー児童用知能検査第4版）（日本版 WISC-Ⅳ刊行委員会，2010a; 2010b）とは，5歳0カ月（米国では6歳0カ月）～16歳11カ月の児童の知能を測定する個別式の包括的な臨床検査です。WISC-Ⅳの起源は，1946年にウェクスラー（Wechsler, D.）によって出版された Wechsler-Bellevue Form Ⅱ であり，これまでの版は，WISC（1949年），WISC-R（1974年），WISC-Ⅲ（1991年）が出版されています。WISC-Ⅳは，特定の認知領域の知的機能を表す四つの合成得点，「言語理解指標（Verbal Comprehension Index: VCI）」「知覚推理指標（Perceptual Organization Index: POI）」「ワーキングメモリー指標（Working Memory Index: WMI）」「処理速度指標（Processing Speed Index: PSI）」とともに，子どもの全般的な知能を表す合成得点「全検査IQ（Full Scale IQ: FSIQ）」を算出します（日本版 WISC-Ⅳ刊行委員会，2010a）。

　ここでは本書のねらいに関わる範囲で，それぞれの指標を端的に述べる
に留めます。言語理解指標は，言葉を介してやり取りする力（理解力と表
現力），知覚推理指標は，視覚的な情報を捉える力，ワーキングメモリー
指標は，聴覚的な情報を覚えて頭の中で処理する力，処理速度指標は，鉛
筆で書くなどの目と手を同時に使う作業をする力といえます。

1.▶ 指標を子どもの理解につなげる

　たとえば，言語理解指標が低い場合，理解することがより苦手なのか，
表現することがより苦手なのか，もしくはその両方が苦手なのかによって
も支援の仕方が変わってきます。その子どもが，理解することがより苦手
であれば，指示や質問を伝えるときには，できるだけ1対1で，指示は短
く具体的にすることが望ましいとされます。
　しかし，これだけでも注意するべき点があります。理解することが苦手
なのは，もしかすると注意力の低さからきているかもしれません。その場
合，その子どもが注意を向けやすい状況であれば，指示や質問を短く具体
的に伝えなくても，その子どもは充分に理解できる可能性があります。指
示や質問の伝え方よりも，どのように注意を向けやすくすればよいのかと
いったことをより考える必要があるのです。つまり，理解することが苦手
というだけでも，それが主にどこからきているものなのかを把握する必要
があり，単に言語理解指標が低いからといって，指示や質問を短く具体的
に伝えればよいというわけではないということです。
　基本的なことですが，指標ごとに算出される数値だけを読み取るのでは
なく，検査中の子どもの様子なども当然把握したうえで，子どもを理解す
ることが大切になります。

2. ウェクスラーらが考えていた検査で大切なこと

これは，『WISC-Ⅳ知能検査の理論・解釈マニュアル』にも以下のように記載されています。

> 認知能力検査の結果は，知能を構成する全体の一部を反映しているに過ぎない。Wechsler（1944）は，知能を「目的的に行動し，合理的に思考し，能率的に環境を処理する個人の総合的・全体的能力」（p. 3）と定義している。彼が，知能を純粋な認知的術語として定義しなかったのは，これらの因子は知能の一部を構成しているに過ぎないと考えたからである。Wechsler は，因子分析研究の結果は知能を構成している全体の一部を説明しているに過ぎないことを鋭く見抜き，別の属性群が知的行動に寄与していると考えた。属性としては，プランニング，目標の意識，熱意，場依存と場独立，衝動性，不安および固執が挙げられる。このような属性は，標準化された知能検査では直接引き出されないが，子どもの検査結果だけでなく，日常生活や子どもが遭遇する世界とその対処にも影響を及ぼす（Wechsler, 1975）。
>
> 臨床家は一人ひとりの子どもを独自な存在としてとらえるべきであり，検査結果を解釈する際には，知能以外の属性も考慮に入れるべきである（Matarazzo, 1972, 1990）。その理由として，同じ検査得点の子どもでも，同じ環境的課題に同じようにうまく対処するわけではないことは，広く認められている。逆に，知能に関連しない因子が検査結果に影響するため，基本的に知能水準が異なる子どもが同じ得点を取ることもある。子どもの知能を評価するという課題には必ず，単に知能検査で得点を出す以上のものが含まれる。

（日本版 WISC-Ⅳ刊行委員会，2010a，p. 4）

第4章　マニュアルの背景にあるもの

　ウェクスラーもマタラッツォ（Matarazzo, J. D.）も検査者が忘れては
ならない，本当に大切なことを述べています。検査を受ける子どもやその
保護者，検査をオーダーする人の基本的なニーズは，知能検査を受けた結
果，その数値がわかることです。検査者が，検査を取り始めたばかりであ
るほど，検査課題をすべて実施して数値を出さなければならないといった
ことに，良い意味でも良くない意味でも縛られてしまうことが多いのでは
ないでしょうか。そのため，初めて出会う検査者に対して子どもはどのよ
うな反応をするのか，子どもの意欲がどの課題であれば高いのか，答えが
わからないときの対処法はどのようなものか，子どもがどのようにその課
題に取り組んでいるのか，どのように考えてその答えを導き出していそう
なのか，疲労感が強くなったときにどのような態度になるのか，問題を一
度で覚えられなかったときに検査者に尋ねることができるのかなど，検査
の数値とは直接関係のない部分をいかに意識できるかが大切となります。

　たとえ検査結果の得点が平均より高かったとしても，日常生活における
対人関係では困る部分（頭の中では言いたいことが思い浮かんでいるけれ
ども，人を目の前にすると緊張が高くなり，言葉にすることができないな
ど）があるかもしれませんし，得点が平均より低かったとしても，苦手な
ことへの対処法がうまく取れており（覚えることが苦手である分，他者に
確認する力が高いなど），日常生活で強みになっている部分があるかもし
れません。それは，検査結果の得点だけではわからないため，検査前後も
検査中も数値とは関係のない部分にもしっかり意識を向けておく必要があ
ります。その意識を持っていれば，検査前後に子どもやその保護者に何を
尋ねればよいかといったことが明確になりやすいでしょう。そうして書か
れた所見は，子ども自身にとっても保護者にとっても，子どもと関わる人
たちにとっても実り多いものとなります。

　ウェクスラーは，次のようにも述べています。

　我々が知能検査によって測定するものは，検査が測定するものでは
ない。つまり，知識でもなく，空間認知でもなく，推理能力でもな
い。これらは目的のための一手段に過ぎない。知能検査が測定するも
のは，これらよりもはるかに重要なものである。すなわち，自分の周
囲の世界を理解し，世界が投げかける難題に対処する自分の高い処理
能力を理解する個人の能力である。　　　　　（Wechsler, 1975, p. 139）

　ウェクスラーのこの思いをより具体的に理解するために，村瀬が体験し
たウェクスラーの講演における事例検討での話を挙げてみます。

　受刑者は暴行傷害事件の累犯者であった。…略…「彼は知能は普通
域で，かつ手先が器用なので屋内で機械の部品を作るような作業を課
されている…略…」という補足に，ウェクスラー博士はローデータを
見てすかさずコメントされた。「この作業の課し方はまったくのミス
マッチだ。…略…知能検査は単に認知機能や指数を知るのが目的では
ない。施行時のやり取り，応えるときの表情やしぐさ，どんな雰囲気
が醸し出されたか，そしてこの下位検査のバラツキを読み取ることに
意味があるのだ。彼は本来アグレッション（攻撃性）を押さえ込んで
いて，そのことをこれまで誰からも理解されなかったものと考えられ
る…略…」アグレッションが鬱積しているその背景要因にも考えを巡
らされたのであった。　　　　　　　　　　（村瀬，2015， p. 44）

　これを受けて村瀬は，「手引き書をマスターして足れりとするのではな
く，また下位検査のバラツキの意味を考えるに止まらず，その状況にかか
わるあらゆる事象を緻密さをもって受け取り，総合的に考えること，さら
に数値や抽象的表現で記される検査結果の内容をその被検者の生きている
現実生活と具体的にリンクさせて考えることの大切さに，そのとき私は気

付いたのであった」（村瀬，2015，p. 44）と述べています。

　検査を取ることだけが目的になってはいけません。自分の仕事のために検査を取るのではなく，目の前の子どものために検査を取ること，目の前の子どもが少しでも生きやすくなるように検査を取ること，検査結果だけにとらわれず，検査を受けた子どもの全体像を捉えて総合的に考えること，これらを決して忘れてはなりません。

第2節　教示と実施法をもとに考えてみる

　ここであらためて述べておきますが，本書は WISC-Ⅳ を題材にしながら，検査を受ける子どものために何ができるのかを考え続けること，そのきっかけや素材を提供することを目指しています。そのため，読者のみなさんが本書を参考にして，WISC-Ⅳ 以外の検査を実施する場合でも，検査を受ける子どものために何ができるのかを考え続ける姿勢を持っていただけると幸いです。

　WISC-Ⅳ の教示や実施法の背景を考えていく前に，氏原と成田が検査の限界吟味を通して，教示や実施法について重要な内容を示唆しているので引用します。

　　正確な測定のためには，検査者が与える教示や質問の言葉は標準手続き通りにしなくてはなりません。日本版ウェクスラー検査では教示はすべて標準語なのですが，非標準語が使用されている地域では，年齢の低い被検査者に通じにくいこともあります。知能指数の正確さよりも被検査者の潜在的能力の水準を見極めねばならない場合には，あえて標準教示以外の言葉を用いた方が検査の目的に適うこともありえます。このような場合は，まず正規の手続きで実施した後，教示内容がよく伝わらなかったと判断される課題の教示を自然な表現（内容は

中立的）に言い換えて再実施することで，限界吟味をすることになります。ただし，標準教示以外を用いたことは記録しておかねばなりませんし，問題を必要以上に容易にしてしまった可能性も考慮する必要があります。これはあくまで例外的な実施法であることを忘れてはなりません。
　　　　　　　　　　　　　　　　　　　　（氏原・成田，2000，p. 200）

　筆者も，氏原と成田と同じ考え方に立っています。「はじめに」でも述べましたが，教示や実施法はすべて覚えるべきで，マニュアルどおりに実施すること，実施法や教示をないがしろにしてはいけないことを強調しています。しかし，マニュアルどおりに実施することが難しい場合もありますし，マニュアルどおりに実施することだけが目の前の子どものためになるわけではありません。そのため，マニュアルという枠があり，そこからどのようにはみ出しているのか，どのように戻ることができるのか，何のためにはみ出しているのか，何のために枠の中におさまっているのかなどを常に考え続ける姿勢を持ち，マニュアルという枠からはみ出る場合も，そのことをわかったうえで，いつでも戻る準備はしておかなければなりません。

　少し話がそれてしまいましたが，ここからは WISC-Ⅳ のマニュアルを参考に，もしくは引用しつつ，検査の教示と実施法について筆者の体験も交えながら，筆者の考えを述べていきます。

1.▶ 検査実施前，準備段階

（1）子どもの注意力について
　WISC-Ⅳ の実施・採点マニュアルの第 2 章「検査の実施・採点に関するガイドライン」を見てみましょう。検査は，「子どもが注意散漫になったり，退屈したりしないようにすばやく円滑に行う」との記載があり，検

査者は「ほぼ自動的に」検査を実施できるようになるまで手順を練習して
おく必要があります。子どものために，検査を円滑にほぼ自動的に行うた
めに，検査用具の操作に関しては，「万人に適用する技術というものはな
い。検査者によって効率的な手続きは異なっている。初心者の手助けとな
るように，以下に助言とガイドラインを示しておく」と書かれています。
そのなかには，子どもに検査用具や記録用紙が見えないように，ついたて
やクリップボードを用いることが助言として書かれています。ただし，
「意識的に検査用具を隠そうとするのは，子どもが落ち着かなくなるので
避けるべきである」との記載もあります。検査用具や検査用紙を子どもか
ら見えないように隠したほうが，子どもが注意散漫にならずに検査に集中
しやすいのかもしれませんが，検査者が意識的に隠していることを子ども
が感じ取ると，かえって子どもは落ち着かなくなるということです。ただ
隠せばいいというわけではないというこの記述が，検査を実施する際の難
しさを表しているように思われます。子どもに限らず大人でも，隠されて
いるものは探したくなるものですし，見てはいけないと言われると見たく
なるものです。かといって，検査を実施する前に，子どもに検査用具のす
べてを見せるわけにはいきません。

　どのように子どもに納得してもらうか，どのように折り合いをつける
か，その駆け引きが求められるときもあります。よくある一例を見てみま
しょう。

　　子どもが検査室に入って席に座りますが，検査用具が入ったケース
　が目に入ります。もしくは，WISC-Ⅳであれば，検査者が積木を出
　すときに，検査用具が入ったケースに気づきます。そのときに，何が
　入っているのか聞いてくる子どももいますし，立ち上がって覗きこも
　うとする子どもや，何も言わずに席を立ち見に来ようとする子どもも
　います。そのときに，あなたならどのように子どもに声をかけるで

しょうか。どのようにすれば，子どもは気持ちよく課題に取り組める
ようになるでしょうか。

　すべての子どもに同じ言い方が通用するわけではありませんが，たとえ
ば，「○○くんが座ってたら，先生が順番に出していくよ」と伝えて，子
どもの検査用具に対する好奇心を，子どもがどのようにすれば満たすこと
ができるのかを伝える方法が一つです。それでも，検査用具を見たくて触
りたくて，我慢できない子どももいます。そのような子どもには，「ごめ
ん，これは先生の大事な物で，先生しか使われへんから，○○くんは触ら
れへんねん。でも，先生が順番に出していくことはできるから，それでも
いいかな？」と子どもにお願いをしてみます。子どもでも大人でも対等で
あり，相手の要求に応えられないときは，譲歩を伝えること，それを受け
入れてもらえたときには感謝するべきです。検査を取り始めの頃は，好奇
心旺盛な子どもが，検査者のお願いを聞いてくれて椅子に座って検査を受
けてくれると，自然に「ありがとう」という言葉が出るものですが，検査
に習熟しても，子どもに対するその気持ちはずっと忘れるべきではないで
しょう。

（2）検査者の技能が検査に及ぼす影響

　ここで，一つ伝えておきたいことがあります。検査中に，検査者や課題
から子どもの注意がそれたり，子どもの意欲が低下したりすることがあり
ますが，それを子どもだけのせいにしてはいけません。注意のそれやすさ
そのものは，子どもの特性も関係しているのかもしれませんが，注意のそ
れやすさの程度（椅子から立ち上がることはあるもののすべての課題に取
り組めるのか，部屋から飛び出してしまってすべての課題を実施できない
のか）は，検査場面の環境や検査者の手際によるところも大きいのです。
　筆者も，検査を取り始めた頃は，なぜか検査の課題に集中できない子ど

もや部屋から飛び出してしまう子どもに出会うことが多かったように思われます。そのときは，子どもの多動性や不注意によるものと考えることもありましたが，検査の手際が良くなるにつれて，「今の手際の良さで，あの子たちを検査したらもう少し上手くやれていただろうな」と思い始めました。つまり，検査を取り始めた頃は，自分の手際が良くなかったために，子どもも注意がそれやすかったり意欲が低下しやすかったりしたのではないだろうか，という考えにいたりました。

　どのような仕事でも同じかもしれませんが，働き始めたときにかぎって，その職場の普段とは異なる問題が起きたり，例外的な人に出会ったりすることがあります。それを日本では「洗礼を受ける」とも言います。これには運や偶然の要素も関係するには違いないのですが，それを引き起こす要因が働き始めの新人，つまりその仕事に慣れていない新人に多少なりともあるのではないかと思われます。

　少し話がそれてしまいましたが，つまり何が言いたいかというと，検査の失敗を子どもだけのせいにしてはいけません。子どもだけのせいにしてしまうと，同じような子どもと出会ったときに，また同じことが起きてしまいますし，何度も同じことを繰り返してしまいます。原因は自分の何かになかったか，未然に防ぐことはできなかったか，次はどのようにすれば同じようなことが起きないかを常に考えなければなりません。カウンセリングにおいて，カウンセラーがクライエントに成長させてもらうのと同様に，子どもの検査においても，検査者は子どもに成長させてもらうことができます。注意がそれやすい子どもに出会ったからこそ，また同じような子どもに出会ったときにどのように関わればよいか，どういう点に気をつければよいかなどを考えて学ぶことができます，それは本当にありがたいことです。

　検査を実施できなかったという事実は，数値を算出するという目的においては失敗かもしれません。しかし，子どもの全体像を把握するという目

的においては，検査を実施できなかったという事実は失敗ではありません。ただこれは，検査が実施できなくてもよいというわけではありません。現実的には，検査から算出される数値なども必要なことが多いからです。しかし，検査を実施できなかったからといってそれで終わりにするのではなく，検査以外からの情報も把握して，その子どもと保護者の日常生活に活かせるような情報をどれだけ把握できるかという視点も忘れないでいることが求められます。

(3) 標準語以外を用いた教示について

　ここであらためて，WISC-Ⅳのガイドラインに戻ろうと思います。「これから提示される課題や問題は楽しくできそうだと子どもたちが思えるような雰囲気で子どもたちと接する」と記載されており，そのために，「日常会話を通して子どもの緊張をほぐすことから始める」とも記載されています。その際の会話では，おそらく教示とは違って丁寧語ではなく検査者や子どもが住んでいる地域の言葉，いわゆる方言を使うことも多いと考えられます。標準語を使用する地域の方々は大きな差はないかもしれませんが，筆者が主に活動している大阪では，「恐竜が好きなんだね」と言うのではなく，「恐竜（が）好きなんや」と言います。ここで，一つの疑問が出てきます。教示の言葉はすべて標準語で書かれていますが，それを方言に言い換えることの影響はどのようなものなのでしょうか，少し考えてみようと思います。

　子どもが普段から聞き慣れている言葉を用いて，検査者が会話をする場合は，子どもは検査者に対して親近感を抱きやすいでしょう。そのため，不安や緊張が比較的早く軽減され，子どもが持つ本来の力を発揮しやすくなることにつながるかもしれません。しかし，子どもと検査者の心的距離が近づくほど，子どもの「検査に取り組まなければならない」といった義務感や責任感が減少し，検査に対する意欲が低くなるかもしれません。

　一方で，子どもが普段聞き慣れていない言葉を用いて，検査者が会話をする場合は，不安や緊張が軽減するまでに，少し時間がかかってしまうかもしれません。それが，本来の力を発揮しにくいことにつながるかもしれませんが，「検査に取り組まなければならない」といった気持ちを適度に保てるかもしれません。

　もちろん，目の前の子どもの年齢や状態，そのときの不安や緊張の程度など，さまざまなことを考えたうえで，どの程度の心的距離が適切なのか，それに合わせて言葉遣いや声のトーンを変えられることが望ましいかもしれません。ただし，検査に習熟すればするほど，検査を上手く取ることができるという自信や経験がある分，検査者自身の言葉遣いや声のトーンに意識を払いにくくなっていきます。しかし，自分の言葉遣いや声のトーンが，子どもに対してどのような影響を与えやすいのかを考えて理解したうえで，時には言葉遣いや声のトーンを変える臨機応変さを身につけておくことが大切です。

(4) 子どもへの励まし

　ここで，マニュアルにある言葉遣いについての記載を見てみようと思います。「このマニュアルには，次の問題や次の下位検査への移行を円滑に行うための手助けとなる標準的な言葉が載っている。移行の際，こうした言葉は少し変えてもよいが，検査問題や教示の言葉については言い換えてはならない」とあります。移行を円滑に行うための手助けとなる標準的な言葉としては，子どもの頑張りをほめるための「がんばっているね」「その調子です」は許容されるとあります。また，子どもが間違いに気づいていて意欲が低下しそうなときは，「ちょっと難しいですね。でも次はできるかもしれませんよ」とあります。これらは，少し変えてもよい言葉とされているので，たとえば，「いい調子で進んでるよ」「めっちゃ頑張ってるな（とても頑張っているね)」これらは許容されそうです。しかし，子

どもの回答を強化しないことが推奨されているので,「すごいすごい」は良くなさそうです。また,「ちょっと難しそうかな。次の問題にいってみよっか」は許容されそうですが,子どもが「わかりません」と言うことが続いたときに,「だんだん難しくなっていくから,わからなくても大丈夫やで」と言うことは許容されるのでしょうか。少し言葉を変えてもよいというマニュアルの記載の具体的なところは,検査者それぞれの判断に委ねられています。そのため,この言葉を使用するとどのような影響が出そうなのかといったことを常に考える必要があります。

　これも筆者の体験ですが,「その調子」「いい感じ」と子どもに伝えたときに,「それって（答えが）合ってるってこと？」と子どもに聞かれたことがあります。子どもにとって,自分の答えが間違っているのではないかと不安を抱いているときに,「その調子」「いい感じ」と言われて安心する場合もありますが,検査者がそのような言葉を適当に言っているのではないかと不満を持つこともあるのです。つまり,同じ言葉でも,目の前の子どもにとって捉え方が違うため,目の前の子どもにはどんな言葉を使用するべきなのかを考えることが大切になります。

(5) 子どもへのクエリー・促し・教示の繰り返し

　また,子どもに質問や回答の促しをする際の言葉遣いについても見てみたいと思います。「クエリー（確かめの質問），促し,問題の繰り返しは,子どもの回答を明確にするため,下位検査の課題を子どもに思い出してもらうため,また,子どもの能力を最大限に引き出すために設けられている」と記載されています。ここで注目したいのは,「子どもの能力を最大限に引き出すために」という内容です。

　クエリーには,「もっとそのことについて話してください」や「それはどういうことですか」などがありますが,これを「もうちょっとそのことについて教えてもらってもいいかな」と言うほうが,子どもの回答が足り

ないから聞いているというニュアンスではなく，検査者が教えてほしいから聞いているというニュアンスで伝わって，子どもが自身の回答に不安を持つことなく能力を引き出せそうな気がするのですが，このように言うことは間違いでしょうか。シーガル（Siegal, 1996; 1999）やプールとラム（Poole & Lamb, 1998）は，子どもは語用論的知識（言語の使用，すなわち発話が特定の文脈においてどのような意味で用いられているかに関する知識）を持っていると述べていますが，その知識の一つに「質問が繰り返されるということは前の答えは間違っている，別のことを言わなくてはならない」というものがあります。これに基づいて考えてみると，子どもが持つ「（自分の答えは）間違っているのではないか」という不安を少しでも軽減するために，「もうちょっとそのことについて教えてもらってもいいかな」と尋ねることで，「子どもの能力を最大限に引き出す」ことができるかもしれません。

　マニュアルの言葉とまったく同じ言い方をすることは現実的に難しい場面もあるため，一言一句同じ言い方をする必要はありません。ゆえに，自分の言い方によってどのような影響が出るのかをしっかり考えなければなりません。筆者の上記の言い方（「もうちょっとそのことについて教えてもらってもいいかな」）も，どの子どもに対しても不安を軽減する効果があるかと言われると，もちろんそんなことはありません。マニュアルの言い方と筆者の言い方とでは，心的距離感に差があるように感じられるからです。その距離感がある程度近いほうが落ち着くことができ力を発揮しやすい子どももいれば，ある程度遠いほうが落ち着くことができ力を発揮できる子どももいるでしょう。

　教示以外の場面での話やちょっとした質問や指示でも，目の前の子どもに合わせる臨機応変さを持つこと，すなわち，目の前の子どもにとって検査者がどのような距離感でいれば子どもは力を発揮しやすいかなどを，第三者的な視点でも考えながら検査を進めていく必要があるのです。次に，

検査の導入部分を見ていきます。

2. 検査の導入

（1）導入時の説明と工夫

> これから，言葉の説明をしたり積木で形を作ったりなど，いろいろ
> な問題に取り組んでもらいます。問題には，簡単なものもあれば難し
> いものもあります。特に難しい問題は，答えられないこともあると思
> いますが，どの問題にもしっかり取り組んでください。何か質問はあ
> りませんか。

以上がマニュアルに記載されている導入ですが，以下の追記がなされて
います。

> 検査前にどれくらい説明が必要かは子どもによって異なる。詳しい
> 説明が必要かどうかは検査者の判断で行う。子どもに検査についての
> 誤解や不安がある場合は，ていねいにリラックスした態度でそうした
> 不安を解消するようにする。「知能」という言葉は，無用な心配を引
> き起こすかもしれないので避けるようにする。その代わりに，検査の
> 目的を話して，子どもの得意なことや苦手なことを知りたいのだとい
> うことを強調するとよい。しかし，検査の目的について子どもにうそ
> を言ったりごまかしたりしてはいけない。常に誠実で正直な態度であ
> ることが大切である。

詳しい説明が必要かどうかは，検査者の判断で行うとのことなので，筆
者は導入の教示に加えて，以下のような説明を付け加えることが多いです。

　しっかり取り組んでもわからないときは，「わかりません」とか「わからん（この言い方は，筆者が関西を中心に検査を実施しているため）」って言ってくれたらいいからね。

　この文言を伝えるメリットは，子どもの不安がより解消されることです。マニュアルにも，子どもの不安を解消するようにと記載されています。子どもでも大人でも，わからないときや困ったときの対処法がわかっているのとわかっていないのとでは，安心感が変わってくるのは当然でしょう。このように伝えていなくても，「わかりません」と自発的に言える子どももいます。わからないときや困ったときにそのことを他者に伝えられる力を見られることは，子どもの日常生活を含む全体像を把握するうえでも大切なことです。ゆえに，「わからないときはわからないと言ってくれたらいい」と伝えることで，その力を見えにくくすることがデメリットになるかもしれません。しかし，たとえば問題を一度で聞き取れなかったときに，「もう一度言ってもらってもいいですか」と自発的に言える子どももいるので，わからないとき以外でも困ったことを他者に伝えられるかどうか，他者に聞いて対処しようとするかどうかといった一面は見ることができます。

　しかし，「わからないときはわからないと言ってくれたらいい」と伝えておかない場合，答えがわからないときにどうすればいいかわからずに，子どもの検査への意欲が下がったり，わからないのに検査者が見守り続けていて検査者への不信感が高まったりする可能性もあります。これらは，検査の課題をすべて実施できないことや子どもが本来の力を発揮できないことにつながるかもしれません。それらを防ぐためにあらかじめ，「わからないときはわからないと伝えてくれたらいい」と言っておくのです。

　「わからないときはわからないと伝えてくれたらいい」と言うにしても

言わないにしても，どちらも一長一短で，どちらがより正しいかといった
ことも検査者それぞれの判断や目の前の子どもの全体像によっても変わっ
てくるはずです。ゆえに，上記のように，言った場合と言わなかった場合
に何が起こるのか，どういうメリットやデメリットがありそうなのかを考
える必要があります。それが検査者の責務といえます。

（2）休憩の取り方を伝える際に考えること

また，「子どもには，途中で休憩をとっても構わないので，必要なとき
にはそう言うようにと伝えて安心させる。十分なラポールが形成され準備
ができたら検査の実施に移る」との記載があります。この休憩の伝え方，
取り方も検査の実施で難しい部分です。

筆者は，「途中でしんどくなったり（トイレに行きたくなったり）した
ら，いつでも言ってくれたらいいからね」と検査の導入のときに同時に伝
えています。「トイレに行きたくなったり」とは，筆者の場合は，小学校
低学年ぐらいまでの子どもの場合に伝えるようにしています。このよう
に伝えておくことで，自発的に「休憩したい」「トイレに行きたい」と言
える子どももいます。もちろん，「トイレに行きたい」と言えない子ども
もいますが，検査中に子どもがもぞもぞしている場合，検査者のほうか
ら「トイレ大丈夫？」のように聞くのが自然であるように思いますし，休
憩に比べると，トイレのほうが自発的に言える子どもが多いように感じま
す。一方で，これは筆者自身の問題であるかもしれませんが，子どもたち
のなかで，自発的に「休憩したい」と言える子どもは少ないように感じま
す。

日本の学校場面を考えると，休み時間は決まっており，子どもが自分で
休み時間を決めることはまずありません。検査場面は，もちろん学校場面
とは異なりますが，初めて出会う検査者に対しては，子どもが自発的に
「休憩したい」と伝えることに，遠慮を抱くのが自然なのではないでしょ

うか。そのため筆者の場合は，検査中盤もしくは子どもが疲れているように感じたときに，「（あと○種類ぐらいやねんけど）このまま最後までいくか，一回休憩するか，どっちのほうがいいかな」と尋ねることにしています。「あと○種類ぐらい」というのは，残りの下位検査の数を示しています。たとえば，補助検査をすべて実施するつもりの場合，【記号探し】まで終わっていれば，「あと5種類ぐらい」と伝えるということです。

　時間の目安が伝えられそうな場合，目の前の子どもにとって時間で伝えたほうが理解しやすい場合は，「あと30分ぐらい」など，できるだけ時間で伝えるようにしています。このように子どもに尋ねることで，休憩を取りたい子どもは休憩を取りやすくなりますが，筆者の経験上，「あと○種類ぐらい」と見通しを伝えていることもあってか，「最後までやってしまう」ことを選ぶ子どもが多いように感じます。休憩を取るか取らないかを検査者から尋ねることのメリットは，子どもが「あともうちょっとやから頑張ろう」と再度意欲を向上させられることにあります。

　また，子どもからすると，検査者が自分のことを気遣ってくれている，自分のことを心配してくれている，検査者が一方的に決めるのではなく自分に休憩を取るか取らないかを決めさせてくれていると思えることでも，検査に対する意欲を維持，もしくは再度向上させることにつながります。

（3）導入時に大切な心構え

　技術としてではなく，もちろん自然に湧き出てくることが重要ですが，子どもを気遣う気持ちは本当に大切です。その気持ちが子どもに伝わること自体は，検査の数値に直接関係しないかもしれませんが，子どもが検査を受けてよかった，検査者と良好な関係を築くことができてよかったという体験が，子どもの人生のなかで大切な経験になりうるからです。検査場面や子どもと検査者との関係性が，子どもの人生にとってプラスになるような体験や関係性となるためには，検査時間はあまりに短いかもしれませ

んが，短い時間しかないからこそ，目の前の子どものためだけに力を注ぎこむことができます。検査という長いようで短い時間のなかで，いかに目の前の子どものことを想うことができるか，これは検査に習熟しようと決して忘れてはいけません。

第3節　検査後の子どもや保護者とのやりとり

▶ 1 検査後の子どもへの声かけ

　子どもが検査を受けるのにもさまざまな背景があること，必ずしも子どもが検査を受けたくて受けたわけではないということ，長時間の検査を受けてくれたということ，これらを考えると，子どもには感謝と労い（ねぎら）の気持ちが自然に湧いてくることと思います。検査者は，それを心の内に留めるのではなく，率直に子どもに伝えたほうが，子ども自身も「検査を受けてよかった」と思えることにつながります。

　一方で，子どもが意欲的ではなかったりして，検査者の思うように検査が実施できなかったということもあるでしょう。そのような場合は，検査者は感謝や労いの気持ちを持ちにくく，もしかすると苛立ちの気持ちを抱くこともあるかもしれません。しかし，検査者自身が子どもに感謝や労いの気持ちを持てないときは，検査者自身にも何か問題があると考えたほうがよいでしょう。子どもが意欲的でなかったのは，検査前の充分な納得が得られていなかったのかもしれません。検査中に，子どものペースに合わせずに，検査をすべて実施しなければならないという検査者の急いだペースに子どもを合わせてしまっていたのかもしれません。また，検査者がイライラしていたり子どもに不満を持っていたりする場合は，子どももイライラしていたり検査者に不満を持っていたりすることが多いです。ゆえに，子どもにイライラや不満を我慢させるのではなく，検査者がイライラ

や不満に気づき，子どもにペースを合わせられていないのではないかと考えてみる，いったん落ち着いてみる，休憩をはさむなど，気持ちを切り替えることが大切です。それが，子どものイライラや不満の軽減にもつながっていきます。検査中にこのような気づきや心配りがあると，検査後に感謝や労いの気持ちを持ちにくくなることが少なくなります。「いっぱいやってくれてありがとう」。筆者自身は，自然とこの言葉が出ることが多いです。

2. 検査後の保護者とのやりとり

　子どもが部屋から出て，保護者や学校の先生，もしくは施設職員のもとに戻っていきます。ここでは，子どもが保護者のもとに戻る場合を考えてみたいと思います。検査後に保護者に何を伝えるかは，マニュアルには記載がなく，各検査者のその場の対応に委ねられています。検査後すぐにおおまかな検査結果を伝える場合や，少し時間をいただいて検査の数値などを伝える場合もありますが，検査の数値や検査に関する具体的な内容を伝えることは難しいため，検査者が伝えられることは限られているでしょう。そこで，筆者は検査を取り始めた頃，以下のように伝えることが多かったように思います。

　　長い時間集中して（落ち着いて），最後まで受けてくれました。

　学校の授業よりも長い時間，子どもが一人で検査を受けられたことを，保護者も喜ぶのではないかと思っていました。しかし，この言い方は目の前の保護者のことを考えておらず，筆者は決まり文句のように，どの保護者に対しても伝えてしまっていました。あるとき，そのように伝えた後に，「何で先生（検査者）やったらいけるん（どうして先生は，この子を

落ち着かせられるんですか，という意味)」と怒りの気持ちが込められて言われたことがありました。また，保護者が，「あんた，何で学校では座られへんの」と子どもに怒ったこともありました。

　普段，子どもとの関わりに苦慮している保護者からすると，たった一回しか子どもと関わっていない検査者が，この子とうまく関われるわけがないと思っているかもしれません。また，仮にうまく関われたとしたら，検査者や子どもに対してイライラするかもしれませんし，「うまくいきました」のように検査者に言われると，ますますそのイライラを募らせることになるでしょう。「たった１回会った人がどうして……」という屈辱や嫉妬といった感情を抱くかもしれません。それほど，普段子どもとの関わりに苦慮されているのです。良い報告をすれば保護者が喜ぶ，そんな単純なものではありません。

（1）保護者との関わりで重要なこと

　検査を通じての，子どものプラスの側面を伝えるとしても，まずはそのような保護者の気持ちを汲み取り聴き入ることが求められます。それを考えるうえで，アーノルドが，とても重要なことを述べています。

（1）親は，専門家より長い間子供の状態を改善しようと試みてきた。
（2）親が何をしようと，最初どんなに無分別に見えようと，親の行動には，通常，何らかの理由がある。
（3）いかなる治療的介入も，成功するためには親の協力が必要である。
（4）親の協力を得るためには，親が，忠告されたことを理解し，受け入れる必要がある。
（5）専門家が，最初に共感的に「親の現状」を理解しなければ，いかなる忠告も理解され，受け入れられないであろう。
（6）親の苦境を親の立場に立って理解しなければ，その家族に特有な

　　　ニードに合わせた治療的介入ができず，実際の役に立たない，決
　　まり文句的助言を与えることになる。

（Arnold，1978，邦訳，p. 4）

　たった一回の出会いかもしれない検査者にできることは限られています
が，たった一回の検査者が保護者や子どものことを親身に考えていること
が保護者や子どもに伝わることには大きな意味があります。そのために，
日頃からの保護者の苦労を労うこと，思いを汲み取り聴き入ることがまず
は大切になります。そして，子どものプラスの側面を伝える際には，たと
えば，「普段と違って，緊張感があったからかもしれないですね。でも，
見通しを伝えたことが良かったのかもしれません」というように，保護者
の日頃の苦労にも思いを馳せながら，保護者が何か気づきを得られるよう
に，日頃の関わりのプラスになるような一言を伝えられることが望まれま
す。検査者が，保護者のさまざまな気持ちに寄り添いながら，「親（保護
者）自身のことや子育てのことをいっしょに考えていくことで，（親は）
自信を回復し，自分自身を受け入れられるようになり，子どもを大切に思
えるようになっていく。自分が面接者（検査者）に大切にされた分だけ，
子どもを大切にできるようになっていくのである」（村瀬・村瀬，1997，
p. 95）。検査者の保護者への心配りが，保護者と子どもの生きやすさにつ
ながっていきます。

✒まとめ─────────────────────────

1　ウェクスラー曰く，知能検査が測定するものは，自分の周囲の世界を理解し，世界が投げかける難題に対処する自分の高い処理能力を理解する個人の能力です。

2　マニュアルの実施法や教示をないがしろにしてはいけません。しかし，マニュアルどおりに実施することが難しい場合もありますし，マニュアルどおりに実施することだけが目の前の子どものためになるわけではありません。そのため，マニュアルという枠があり，そこからどのようにはみ出しているのか，どのように戻ることができるのか，何のためにはみ出しているのか，何のために枠の中におさまっているのかなどを常に考え続ける姿勢を持つことが大切です。マニュアルという枠からはみ出る場合も，そのことをわかったうえで，いつでも戻る準備はしておかなければなりません。

3　検査後に，子どものプラスの側面を保護者に伝える際には，保護者の日頃の苦労にも思いを馳せながら，保護者が何か気づきを得られるように，日頃の関わりのプラスになるような一言を伝えられることが望まれます。

ページのめくり方, その奥深さ

WISC や WAIS（ウェクスラー成人知能検査）といった検査だけではなく，その他の検査においても，検査者が問題冊子を子どもに提示して答えてもらい，次の問題に進むときには，検査者がページをめくっていくものがあります。ここでは，問題冊子のページをめくることの奥深さについて考えていきたいと思います。

まず，検査者がページをめくる際に，問題冊子に指をかけておくのか，指をかけておかないのかといった違いがあります。指をかけておく場合は，検査を受ける子ども（大人でも同様です）が問題に答える前から，次のページをめくる準備をすることになります。そのため，子どもが答えてから 1 秒ほどでページをめくることができます。一方で，指をかけておかない場合は，子どもが問題に答えた後に，検査者が問題冊子に指をかけてページをめくるため，3〜5 秒ほどの時間が必要になります。また，指が次のページにうまくかからない場合は，10 秒ほど時間がかかることもあるでしょう。つまり，指をかけておく場合は 1 秒，指をかけておかない場合は 4 秒（3 秒と 5 秒の平均とします）で，1 問につきおおよそ 3 秒の差があります。さらに，指をかけておかない場合は，うまくページをめくれない時間が加わります。仮に，検査を通して，ページをめくる問題が 50 問あった場合は，指をかけておく場合は，1 秒 × 50 問で 50 秒，指をかけておかない場合は，4 秒 × 50 問で 200 秒（3 分 20 秒）とページをうまくめくれずに経過する時間が 30 秒だとすると，あわせて 3 分 50 秒になります。すると，問題冊子に指をかけておかないことで，余分に 3 分かかることになります。たった 3 分

と考えるのかどうかは人それぞれでしょう。スピードが大事なのかというとそういうわけではありませんが，子どもの負担を少しでも減らそうとする意識は持ち続けておく必要があります。

　また，問題冊子に指をかけておくことで，子どもがページを勝手にめくろうとすること，それを注意することで子どもの意欲を低下させることを防ぐこともできます。ただし，最初から防いでしまうのではなく，最初はあえて指をかけないでおき，子どもがどのような行動を取るのかを見てみるのも全体像を把握するうえでは大切です。それを把握してから，次からは問題冊子に指をかけておくとよいかもしれません。

　問題冊子に指をかけておく場合に，考えておくべきことがあります。WISC や WAIS では，問題の最後までいかずに，途中で課題を終えることがあります。言い換えると，ページを最後までめくらずに，問題冊子を閉じてしまうということです。問題冊子に指をかけて，次のページをめくりやすくしている場合は，当然指（たいていは親指でしょう）は次のページに入っています。しかし，途中で問題を中止にして問題冊子を閉じる場合は，次のページに指を入れていては閉じることができないため，裏表紙に指をかけて閉じることになります。つまり，次のページに入っている指を抜いて，裏表紙に指を持っていきます。子どものなかには，この動作に敏感に反応する子がいます。「どうしてまだ問題があるのに終わるの？」と言う子どももいますし，心の中で思っている子もいます。こう言われたときに，たとえば「10 歳はここまでなんだよ」と答えることもできるでしょう。しかし，子どもにしてみれば，最後まで問題を見てみたかったかもしれませんし，検査者に疑いの気持ちを抱き，その後の課題に影響を及ぼすかもしれません。ゆえに，次の問題で間違えた場合に終わる（問題冊子を閉じる）可能性があるときには，次のページに指をかけておくのではなく，裏表紙に指をかけておきます。そうすると，次の問題があったのに途中で終わったのではなく，問題の最後まできたから終わったというように，子どもに見せることができます。

　検査者が，当たり前のようにしている動作一つでも，検査を受ける子ども
は何かを感じ取っている場合があります。検査に習熟するほどに，当たり前
のようにしている動作はその身に染みついていますが，時には，当たり前の
動作を当たり前とせずに，一つひとつの動作にあらためて目を向けてみるこ
とも大切です。

第5章
検査を通して子どもの全体像を把握する

第1節 下位検査の種類

　WISC-Ⅳは，すでに説明した四つの指標（言語理解，知覚推理，ワーキングメモリー，処理速度）から構成され，10種類の基本検査と5種類の補助検査から成り立っています。全検査IQを算出するだけであれば，10種類の基本検査の実施のみでも可能ですが，5種類の補助検査も含めて実施することで，子どもの全体像をより詳しく把握することができます。言語理解は，【類似】・【単語】・【理解】（以上が基本検査）・【知識】・【語の推理】（以上が補助検査）の5種類，知覚推理は，【積木模様】・【絵の概念】・【行列推理】（以上が基本検査）・【絵の完成】（以上が補助検査）の4種類，ワーキングメモリーは，【数唱】・【語音整列】（以上が基本検査）・【算数】（以上が補助検査）の3種類，処理速度は，【符号】・【記号探し】（以上が基本検査）・【絵の抹消】（以上が補助検査）の3種類から構成されています。

1. 下位検査ごとの考察ポイント

　以下に，基本検査といくつかの補助検査をもとに，検査を受ける子どものために考察するべき点を，筆者の体験も交えながら詳しく見ていきます。なお，検査の実施法や問題は，本書に詳しく載せることができないため，概要のみを記載することにします。検査を実施できる立場にあるけれども，検査を実施したことがない，検査用具を見たことがない方は，ご自身で実際に見ていただくことをお勧めします。

（1）積木模様

A. 課題の概要

　この課題では，赤・白・赤白半分の面が二つずつある積木を用います。これらの色を組み合わせることで模様が構成されます。課題の難易度が上がるにつれて，積木の数が，2個，4個，9個と増えていきます。検査者が作った見本もしくは問題冊子に載っている見本どおりに模様を構成することが求められます。制限時間もあり，時間内に完成しなければ，たとえ同じ模様を作ることができたとしても得点が0点となります。そのため，教示でも「できるだけ速く」作るように子どもに伝えます。実際の制限時間は，75秒や120秒と決まっていますが，子どもにはその時間を伝えません。制限時間になっても，「終わり」と強制的に終わらせるわけでもありません。ここでいくつか考えてみたいと思います。

B. 制限時間と声かけ

　「検査者と子どものラポールを保つために，制限時間がきたときでも完成しそうな場合には数秒間待ってもよい」と記載されています。これは，この後に説明する【符号】や【記号探し】といった他の課題でも似たような状況があり，WISC-IV以外の検査においてもこのような判断は検査者

に委ねられることがあります。ただし，ここに記載されている，「完成しそうな場合」というのがどの段階なのかという判断は検査者それぞれで異なります。また，そのときに声かけをするのかしないのか，声かけをする場合にどのような声かけをするのかもそれぞれの判断に委ねられています。しかし，これは大事なポイントで，教示文に「ラポールを保つために」とあるように，もし完成しそうなのに検査者が制限時間を意識しすぎるあまりに（マニュアルどおりに実施しようと意識しすぎるあまりに）急に終わってしまったり，子どもを気遣う言葉を何もかけなかったりすると，ラポールが壊れてしまう可能性があり，その後の検査に大きな影響を与えるかもしれません。さらに，WISC-Ⅳにおける最初の課題であるだけに，子どもにとっては検査の第一印象となりうるので，検査者はより注意を払う必要があります。

C. 制限時間を過ぎても子どもが取り組み続けるとき

　ここで，筆者の体験を交えて考えてみます。たとえば，制限時間を過ぎたときに「どう？」と声をかけます。それに対しては，子どもが課題に集中して取り組んでいると何も答えずに，課題に取り組み続けることも多いです。そのときに「もうちょっと頑張ってみるか，次（の問題）にいくかどうする？」と尋ねます。完成できそうな見通しがついている子どもや次の課題への気持ちの切り替えが苦手な子どもは，もう少し頑張ることを選び，完成できそうな見通しがついていない子どもや検査者に対して気を遣う子ども（検査者がこのように尋ねること自体が，子どもに対して終わらないといけないのかなという雰囲気を感じさせる要素となるため）は，次の問題に進むことを選ぶことが多いです。ただし，問題に取り組み続けることを選んだ場合でも，検査者が（その前の問題の完成時間や取り組む様子から）判断して，完成できそうな見通しを持てない場合，「じゃあ，あと1分ぐらいにしようか」と伝えたほうが，次の問題へと進みやすくなるでしょう。

　一方で，制限時間がきたからといってすぐに終わらずに，子どもに続けることを含めた選択肢を与えるデメリットは，次の問題になかなか切り替えられない可能性であり，もしかすると，一つの問題の制限時間が2分であるにもかかわらず，5分以上も取り組むことになったり，子どもも後に退けなくなってしんどくなってしまったりする可能性があることです。ゆえに，子どもが制限時間を過ぎて続けることを選んだとしても，「じゃあ，あと1分ぐらいにしようか」と伝えておくのです。結局，制限時間を決めて完成する前に終わってしまうのならば，最初から制限時間で終わってしまったらよいのではないかと考える人もいるでしょう。そこでたとえば，子どもに急に終わったと感じさせないために，2分の制限時間内において，1分ぐらいを過ぎて，「あと1分ぐらいやで」と伝えるとしたら，子どもを焦らせてしまい，本来の力を発揮できなくなる可能性が出てきます。ゆえに，制限時間内に残り時間を伝えることはマニュアルにも載っていませんし，載っていない理由としては，このようなデメリットがあるからと考えます。

　ただし，これも子どもによってメリットになる場合もあるかもしれません。というのも，子どもによっては，時間をとても気にする子ども，時間を伝えられないと課題に取り組めない子どももいます。その場合は，制限時間内に残り時間を伝えるというより，課題に取り組む前に，「今から○分やからね」と伝えておくことで，課題に対する意欲が上がり，本来の力を発揮できることにつながり，それが日常生活を送るうえでも重要なポイントとなることがわかります。

　このように，制限時間がきたからといってすぐに終わらずに，「もうちょっと頑張ってみるか，次（の問題）にいくかどうする？」と子どもに尋ねることは，検査を上手く実施するために必要な質問であるかもしれませんし，何より子どもに選択肢を与える（どうすれば子どもが気持ちよく検査を受けられるかどうかを考える）ことで，子どもに，検査者は自分の

ことを考えてくれているといった温かさが伝わります。

　検査は，基本的にマニュアルどおりに実施するため，どうしてもこの温かさが伝わりにくい面がありますが，子どもが検査を受けてよかったと思えるためには，このような温かさを育める工夫，それを常に意識しておくことが検査者にとっては大切なのではないでしょうか。

D．子どもが慌て過ぎるとき

　また，積木模様の課題を実施していると，子どもが速く作ろうと慌ててしまって上手く作れない，余計に時間がかかってしまうといった場面に出会うことがあります。教示の際に「できるだけ速く」作るように子どもに伝えていますし，ストップウォッチで時間を計られていることに気づく子どももいますので，速く作ろうと慌ててしまうことも自然な反応といえます。しかし，慌てる程度が非常に高い子どももいて，積木を上手く合わせることができなくなったり，イライラしたりパニック状態になったりして，検査に対する意欲が低下してしまう子どももいます。

　このような状態になることは，日常生活における子どもの様子を把握するうえで重要なポイントですが，この状態に対して声かけなどを何もしないことで，積木模様の課題ができなくなってしまっては，積木模様の課題ではかろうとしている力をはかることができませんし，この後の課題に与える影響が大きいでしょう。そのため，マニュアルには記載されていませんが，子どもが慌てて上手くできない場合に，何か声かけをしたり工夫をしたりということを考えてもよいのではないかと思われます。もちろんこのときの声かけや工夫は，ただ課題を上手く実施できるようにするためのものを考えるのではなく，どのような声かけや工夫をすれば，日常生活でも起こるであろう似たような状況に対処できそうなのかを同時に考えられることが望まれます。「（できるだけ速く作るように伝えておきながらではありますが）ゆっくりでも大丈夫」や「だんだん難しくなっていくから，作れなくても大丈夫やで（大丈夫ですよ）」のように不安を軽減するよう

72

な言葉を伝えるのがよいのでしょうか，深呼吸を一緒にしたり，検査者があえて話すペースなどをゆっくりにしたりすることによって，子どもの気持ちや身体を落ち着かせるのがよいのでしょうか。

さまざまな声かけや工夫が考えられ，子どもによってどのような声かけや工夫が合うかは異なるからこそ，検査者が自分の（一つの）やり方で，慌てている子どもを落ち着かせるのではなく，目の前の子どもに合わせた落ち着かせ方を常にその場で考えること，その姿勢を持っておくことが望まれます。

（2）類似

A. 課題の概要

この課題は，二つの言葉の類似点を答えてもらうもので，以下のような教示となっています。

> 「これから２つの言葉を言います。その２つはどんなところが似ているのかあなたにたずねますから，それを教えてください」
> 「○○と○○では，どんなところが似ていますか。どんなところが同じですか」

たとえば，"ひじ"と"ひざ"の類似点であれば，「関節」や「体の一部」などが考えられます。また，やり方としては以下のような注意点もあります。「問題文は必要に応じて何度でもくり返してよいが，言い換えたり説明したりしてはならない。子どもが「違います」とか「似ていません」と答えた場合には，１回限り，次のように言う」「そうですね。違うところも（似ていないところも）ありますね。でも，何か似ているところを言ってください」「子どもによっては，２つのものを関連付けて説明できずに，２つのものを全体としてというよりも，２つのものを別々に回答

する（"ひじは腕にあって，ひざは足にある"）かもしれない。そのような回答は正しい説明ではあるが，類似性を述べていないため0点となる」。

ここからいくつか考えてみたいと思います。これは，英語版ではなく日本語版，さらに関西圏に独特の問題であると思われますが，「似ている（似てる）」と「いてる」を勘違いする子どもがいます。関西圏では，「いる」という言葉を「いてる」と言うことがあります。「似てる」と「いてる」の勘違いは，関西圏独特の問題かもしれませんが，これ以外の言葉でも似たような問題が起こる可能性があること，さらにこのような状況が起きたときのことを考えるために，あえて本書に記載することとしました。

B．勘違いへの声かけについて

たとえば，"はと"と"すずめ"の類似点では，「鳥」や「飛べる」などが考えられますが，このときに「外にいる」と答えたとします。これは，「似てる」を「いてる」と勘違いしていると思われます。このときに，勘違いをしたまま間違いにしてよいものか，それとも「外にいてんねんな。似ているところ，同じところはあるかな？」と再度尋ねることは課題のやり方としては間違いでしょうか。

マニュアルには，「違います」や「似ていません」と答えた場合には，1回限りではありますが，何か似ているところはないかと再度尋ねることを良しとしています。これはなぜかと考えてみると，「似ていません」という答えでもよいと子どもが思うと，次からの問題で少しでも似ていないところがあると，何でも「似ていません」と答えてしまい，あまり考えずに（本来の力を発揮できずに）誤答になってしまうことを防ぐためであると思われます。もしそうだとしたら，子どもが「似てる」を「いてる」と勘違いした場合，次の問題も「いてる」ところを考える可能性が高いでしょう。それは「似てる」ところを考えれば答えられていたかもしれないのに，「いてる」ところを考えて答えてしまったために本来の力を発揮できずに課題が終わってしまうことを意味します。

　もちろん，「似てる」と「いてる」を，検査を受ける子どもみんなが勘違いするわけではありませんので，勘違いをすること自体が，聞き間違えやすさであったり語彙力の低さであったりを表している可能性もあります。それは子どもの全体像を理解するうえでの参考にするべき点でありますが，それで1問も答えられずに終わってしまうと，子どもの全体像を勘違いしてしまうことにもなりかねません。そのため筆者は，子どもが「似てる」と「いてる」を1問目に勘違いして答えた場合は，「○○にいてんねんな。他に似ている（やや強調して）ところとか，同じところはあるかな」と尋ねることにしています。それでも，次の問題で「いてる」ところを答えた場合は，それ以上は促さないようにしています。

C．子どもからの質問について

　また，これも筆者の体験ですが，“ひじ”と“ひざ”の類似点を尋ねたときに，「ひじってこれ？」と子どもが自分のひじを指さしながら聞いてくることがあります。また，“絵画”と“音楽”の類似点を尋ねたときに，「絵画って何？」と聞いてくることもあります。これらの場合，どのように答えるのが望ましいのでしょうか。マニュアルには，「言葉を言い換えてはならない」との記載があるので，「絵画って何？」と聞かれたときに，「絵やで（絵です）」と答えることはしてはいけません。そのため，「それは言われへんねん（言えません）」と答えるかもしれません。ただ，子どもが自分のひじを指さして「（ひじって）これ？」と聞いてきたときに，「さぁ」とか「それは言われへんねん」と答えるのか，「そうやで（そうです）」と答えるのか難しいところではないでしょうか。「そうやで」と答えるのは，言い換えているわけでもありませんし，子どももほとんど確証を持って聞いていることが多いため，検査者が「そうやで」と答えることにデメリットはあまりないかもしれません。ただし，次の問題からも「○○ってこれ？」や「○○って何？」のように，検査者が答えてくれると思って子どもが何でも聞いてくるようになるかもしれません。こうなる

と検査者も「それは言われへんねん」ということになりますので，子ども
からすると「さっきは答えてくれたのに」と不満を持って意欲が低下する
かもしれませんし，検査者への信頼が薄らいで意欲が低下するかもしれま
せん。これはデメリットといえそうです。一方で，子どもが「（ひじって）
これ？」と聞いてきたときに，検査者が「それは言われへんねん」と答え
ると，不安が高くなりやすい子どもは「じゃあ（この『じゃあ』がポイン
トでもあります），わからへん」と答えることがあります。これは検査者
が「そうやで」と答えていたら，子どもは正答できていたかもしれないの
に，検査者の回答によって不安が高くなり，答えることを止めてしまって
います。これはデメリットといえるかもしれません。

　このように，どちらの答え方をするとしても，デメリットが発生する可
能性があるので，目の前の子どもをしっかりと見て把握したうえで，どち
らの答え方のほうが目の前の子どもにとってよりよさそうなのかを常に考
えることが大切になります。

D．子どもの答えを検査者が聞き返すことについて

　また，補足的な話ではありますが，【類似】では子どもの回答が，「色」
のように単語一つなどの短いものになりやすいです。そのため，子どもの
声が小さいなどの理由で検査者が答えを聞き逃したときに，「色？」と聞
く（言ってしまう）とします。そうすると，子どもは答えを変えてしまっ
たり，「わかりません」と言ってしまったりすることがあります。このよ
うに，検査者が質問や子どもの答えを繰り返すと，特に不安が高い状態で
は，答えを変えてしまったり答えられなくなってしまったりすることを覚
えておき，子どもの答えを聞き逃したときも，できるだけ子どもに不安を
生じさせないような聞き方と態度で聞き直すことが求められます。

（3）数唱

A. 課題の概要

　この課題は，"順唱"と"逆唱"という2種類の課題から構成されています。まず，一つ目の"順唱"は，以下のような教示となっています。

　　　「これから，いくつかの数字＜数＞を言います。よく注意して聞い
　　　てください。そして，私が言い終わったら，その数字＜数＞を同じ順
　　　番で言ってください」

　たとえば，検査者が「2-7」と言ったとしたら，それを聞き終わってから，子どもは「2-7」と言うことができれば正答になります。これを，「2-3」のように違う数字を言ってしまったり，「2……」のようにすべての数字を覚えられなかったりした場合は間違いとなります。徐々に桁数が増えていき，覚えて言うことが難しくなっていきます。

B. 子どもが足し算や掛け算をする場合

　ここで筆者の体験を交えて考えてみます。たとえば，「1-3」を「13（じゅうさん）」と言ったり，1と3を頭の中で足して「4」と言うなど，足し算や掛け算の答えを言ったりする子どももいます。マニュアルには記載されていませんが，このような場面に出会った検査者はおそらく，「数をくっつけて言うんじゃなくて（言うのではなくて），聞いた数をそのまま言って」「足した数を言うんじゃなくて，聞いた数をそのまま言って」のように，子どもの答え方を修正すると思われます。しかし，検査者が一度そのように伝えて，練習問題から本題に入ってからも，子どもが数をくっつけて言ったり足した数を言ったりする場合はどうするでしょうか，そのまま課題を進めるのかどうかを考えてみてほしいと思います。この課題は桁数が増えていくので，検査者が「1-9-4-8-5」と言ったときに，仮

に数字をくっつけて言うならば，「19485（いちまんきゅうせんよんひゃくはちじゅうご）」と言わなければなりません。ただ数字を1桁ずつ言うよりも，頭の中での処理過程が一つ以上増えています。この処理ができること自体は評価できるのですが，このやり方では5桁までしか覚えられなかったとしても，数字を1桁ずつ言っていれば，7桁まで覚えられたかもしれません。ゆえに，数字をくっつけて言うやり方では，子どもが持つ本来の力よりも低く点数が出てしまう可能性があります（もしかすると，くっつけて言うやり方のほうが，より多くの数字を覚えられる可能性もゼロではないかもしれませんが……）。

　ここまで事前に考えたうえで，今目の前の子どもが数字をくっつけて言うやり方にこだわっていたらどうするでしょうか。無理にやり方を修正しようとすると子どもの意欲が低下すること，くっつけて言うやり方では点数が低くなってしまう可能性があること，この二つを天秤にかけて，目の前の子どもに対応することになります。もちろん，くっつけて言うやり方や足して言うやり方をまったく認めずに，たとえくっつけた数字や足した数字の答え（たとえば，「2-4-5」の場合，子どもが「11」と言うと確かに足した答えになっていますが，「2-5-4」を足しても答えが「11」になることから，足した数字で答えた場合は順序を正しく覚えられているとは限りません）が合っていたとしても，不通過にすることはできます。ここはもしかすると，検査者によって判断が分かれる部分かもしれません。

　要するに，数唱ではかろうとしている力をはかれているのかどうか，子どもが意欲的に取り組み，本来の力を発揮するためには何を優先するべきかを常に考えて，目の前の子どもに対応するということです。加えて，ここで挙げた子どもの例のように，自分のやり方へのこだわり，一度やり方を決めてしまうとなかなか修正することが難しいことなど自体が子どもの強みや弱み，日常生活や対人関係における困難さと関連しており，それらは検査結果の数値とは直接の関係はありませんが，子どもの全体像を把握

するうえで大切な情報となるのです。

C．逆唱の説明について

　次に，もう一つの“逆唱”に関して少しだけ考えてみたいと思います。逆唱の教示は，以下のようなものになっています。

　　　「今度は，私が数字＜数＞を言い終わったら，その数字＜数＞を私が言ったのとは逆の順番で言ってください。たとえば，8-2 と言ったら，どう言いますか」

　この逆唱のやり方を理解できない子どもが意外に多いです。“順唱”を先にやっているため，そのやり方から離れられないという要因もあるかもしれません。また，覚えられない，頭の中で処理できないというより，「逆の順番」という言葉の意味が理解できない可能性もあります。この場合，逆唱で本来はかりたい力が低いわけではないのに，点数が低く出てしまったり課題が実施できなかったりすることになります。それを防ぐために以下のような方法が考えられます。

　“逆唱”のやり方を説明するときに，「8」と言いながら机（テーブル）の上に指を置き，検査者から見てその左側に，「2」と言いながら指を置き，今度は“2”で指を置いたところにもう一度指を置き「2」，“8”で指を置いたところにもう一度指を置き「8」と言う。「こんな風に逆の順番に数字を言ってみて」と伝えると，言葉だけではやり方を理解できなかった子どもでも，逆の順番で言えるようになることがあります。しかし，これはもちろんマニュアルには記載されていないので，そもそもそのような教示で説明してもよいのかといった疑問が残ります。なぜなら，聴覚記憶だけではなく，視覚記憶も手がかりになってしまうからです。しかし，説明が理解できないことで逆唱の点数が低くなっているのに，ワーキングメモリーが低いという結論を出すことは決してやってはいけません。

D. 最後の「はい」や検査者の視線

他にも，"順唱"と"逆唱"に共通する部分ですが，検査者のなかには，数字を言い終わった後に，「はい」と言う人がいるでしょう。しかし，検査者が数字を言い終わった後に，「はい」と言うと，数字だけではなく「はい」まで真似をする子どもがいます，また数字を言わずに「はい」しか言わない子どももいます。いくつかのものを覚えるときに最後に出てきたものは覚えやすいという新近効果というものがあります。その効果を考えると，最後に出てくる「はい」という言葉でその前に出てきた数字を覚えることを阻害しているかもしれません。そのため，練習問題の時点で，子どもが「はい」と言うようであれば，「次からはそれは言わなくてもいいよ」と伝えてもよいでしょうし，本題では「はい」と言わずに，手で「はい」というサインを伝えてもよいでしょう。

【数唱】の補足ですが，検査者が子どもと視線を合わせて数字を言うか言わないか，ということも考えておいてもよいかもしれません。なぜなら，視線を合わせて言うか言わないかで，子どもの覚えられる量が変わる，つまり結果が変わるという研究結果も出ているからです。研究数の少なさで，一貫性はまだ確保されていませんが，そのような研究があることを意識しておき，目の前の子どもに検査を取りながらも探求心を持って調べる姿勢も持っておくと，子どもや保護者にとってよりよい検査者になれるかもしれません。

(4) 絵の概念

A. 課題の概要

この課題は，各段に描かれている絵のなかから一つずつ仲間を選んでいく課題です。難易度が上がるにつれて，段の数，一段のなかに描かれている絵の数も増えていきます。たとえば，上の段には，リンゴと車の絵が描かれており，下の段にはバナナとはさみの絵が描かれているとします。こ

第5章　検査を通して子どもの全体像を把握する

の場合は，上の段からリンゴ，下の段からバナナを選ぶことで正解となります。理由は果物だからです。理由を言葉で述べるためには，語彙力や表現力も必要となりますが，この課題では視覚的な力を見るため，練習問題を除いては，答えを選んだ理由を答えなくてもよいことになっています。教示は以下のようになっています。

> 「これからいくつかの絵を見せて質問をします。その質問に答えてください」
>
> 「（上段全体を指さしながら）ここを見てください。（下段全体を指さしながら）今度はここを見てください。（上段全体を指さしながら）この中のどれと（下段全体を指さしながら）この中のどれが同じ仲間でしょう。1つずつ選んでください」

練習問題で正答を選ぶことができ，答えを選んだ理由を答えることができたら本題に進むことになっています。正答を選べなかった場合も正答を伝え，理由を言えなかった場合も理由を伝えて本題へと進みます。

B. 子どもが答えの理由を言う場合の対応

ここで筆者の体験を交えて考えてみます。練習問題では答えを選んだ理由を聞いているので，本題でも理由を考えて答えようとする子どももいます。そのためマニュアルには，「子どもが練習問題以外でも絵の名前を言ったり答えの理由を言ったりする場合は，それをやめさせてもよい」とあります。つまり，やめさせなければならないのではなく，やめさせてもやめさせなくてもどちらでもよく，検査者の判断に委ねられることになっています。

検査者の判断としてやめさせない選択がプラスとなるのは，子どもが絵の名前も答えを選ぶ理由もスラスラと答えることができる場合です。そのときの子どもの負担は少ないでしょうし，絵の名前や理由を答えられるこ

とで，「自分はこんなにもたくさんのことを知っている」といった満足感
を持てたり，自信を高めたりする効果があるかもしれません。そのような
子どもが，仮に，絵の名前や理由を答えられない問題に直面しても，子ど
もの内心で「この問題はわからないから答えられなくても別にいい」と判
断して答えずに，次の問題に進めるのであれば，検査者は子どもが絵の名
前や答えの理由を言うことを無理にやめさせなくてもよいでしょう。

　一方で，検査者の判断としてやめさせる選択がプラスとなるのは，子ど
もが選ぼうとしている絵の名前や答えを選ぶ理由を考えて時間がかかって
しまったり，答えはわかっているものの理由を言葉で言えないために答え
を選ぼうとしなかったりする場合が考えられます。そのときに，「絵の名
前は言わなくてもいいよ」「（答えを選んだ）理由は言わなくてもいいよ」
と検査者が伝えれば，次から絵の名前や理由を考えずに答えを選ぶことが
できる子どももいれば，理由を言わなければ気が済まないモードに入って
しまい，検査者に言われても絵の名前や理由を考え続ける子どももいます
（保続の問題ともいえます）。そのような子どもは，答えに関係のない絵も
含めてその名前を言えないことや答えを選ぶ理由を考えられないことに疲
れてきたり嫌な気持ちになったりして，この課題への意欲や検査全体への
意欲が低下することもあります。もちろん，絵の名前や理由を言わなけれ
ば気が済まないモードから何とか気持ちを切り替えて，答えだけを選べる
ようになる子どももいます。

　これも，数値とは直接関係はありませんが，日常生活や学習面でどのよ
うに気持ちを切り替えるのか，どのような声かけをすれば気持ちを切り替
えやすいのかなどを考える重要な指標になります。しかし，気持ちを切り
替えられない場合に，この課題やその後の課題すべてができなくなる可能
性が出てきます。そうすると，検査を最後までできずに途中で投げ出して
しまったことで，子どもが「やっぱり自分はできない」と検査を失敗体験
として感じてしまい，自尊心が低下してしまうことも考えられます。

　もちろん，子どもが気持ちを切り替えられずに一度検査ができなくなっても，休憩をはさんで気持ちを切り替える，後日に検査の続きを実施するなどの対応は考えられます。休憩をはさむことで，子どもが気持ちを切り替えられたら，それも一つ壁を乗り越えたような経験を積むことができるかもしれません。しかし，子どもの気持ちの切り替えやすさをこの課題だけで見る必要はないかもしれませんし，ここまで子どもを追い込む必要もないかもしれません。目の前の子どもが，【積木模様】などのすでに実施している課題から，気持ちを切り替えにくいかもしれないと判断される場合には，気持ちを切り替えやすいような声かけを先にしておくこともひとつの手段ではないかと考えられます。

C. 事前に伝えておくという考え方について

　そこで，練習問題が終わって本題に入るときに，「ここまでは練習やったから理由を言ってもらったけど，ここからは理由は言わなくても大丈夫」と事前に伝えることが考えられます。このように伝えることで，練習と本題とではやり方が違うことが伝わり，練習問題と同じやり方を続けることが少なくなります。あるいは，「名前がわからんこともあるかもしれへんから，そのときは指さしでもいいし（絵の下に書かれている）数字で答えてくれてもいいよ」と伝えておくこともできます。絵の名前を言えないときに「言わなくてもいいよ」と伝えると，「あなたにそれは答えられないから言わなくてもいい」というニュアンスで伝わってしまうかもしれませんが，事前に伝えておくことでそのようなニュアンスで伝わることも防ぐことができます。

　以下に述べることは，【絵の概念】以外の課題全体を通していえることでもあります。このようにいろいろなことを考えて，何でも事前に対処すればよいのかというとそれは違います。子ども自身の問題解決能力など，数値でははかれない力を見ることも大切だからです。ただし，数値でははかれない力を見ることにも縛られすぎてはいけません。子どもに心身とも

に負担をかけることにもつながるからです。つまり，何を見るべきなのか，何を優先するべきなのかをその時々で考えて，事前に対処するべきなのか，あえて対処せずに数値でははかれない力を見るのかを見極めて，何を言うのか言わないのか，何をするのかしないのかを判断することが求められるのです。

（5）符号

A. 課題の概要

　この課題は，5〜7歳と8〜16歳とで実施する内容が異なります。おおまかなやり方としては，5〜7歳は，紙面上部に，形（丸や四角など）の中に印（横線など）が描かれています。その下には，形の中に印が描かれていない，空白のままになったものがたくさん描かれています。上の見本を参考にしながら，それぞれの形に対応した印を，制限時間内に，できるだけ速く間違えないように描いていくものです。8〜16歳は，紙面上部に，数字（1〜9）の下に各数字に対応した記号（プラスなど）が描かれています。その下には，数字だけがたくさん並んでおり，その下には記号が描かれていません。こちらも上の見本を参考にしながら，それぞれの数字に対応した記号を，制限時間内に，できるだけ速く間違えないように描いていくものです。

　子どもに実際にやり方を見せながら説明した後，子どもにいくつか練習してもらいます。マニュアルには，「子どもが検査のやり方を理解するまでは，検査問題には進まない。説明をくり返しても検査のやり方が理解できない場合は，下位検査を中止する」とあるので，本題に入る前に課題を中止する場合もあります。練習の時点で間違えない場合は，それ以上の説明は加えずに，本題に入っていきます。

B. 描き間違いに対する考え方

　ここで疑問を持たれた方がいるかもしれません。「（印や記号を）描き間

違えた場合はどうすればよいのか」と。大人版のウェクスラー式知能検査（Wechsler Adult Intelligence Scale：WAIS-Ⅲ）（日本版 WAIS-Ⅲ 刊行委員会，2006）では，検査者が説明するときにわざと間違えて，「間違えた時はこのように描き直してください」という説明をします（WAIS-Ⅳでは，検査者が説明するときにわざと間違える教示は無くなっています）。しかし，WISC にはそのような説明はありません。もちろんこれは原作者の考えがあってのことだと思われます。WISC は，課題の「できるできない」をはかるだけではなく，生きる力をはかるものだというウェクスラーの考えもあるため，印や記号を描き間違えたときに，どのような反応をするのかを見ることも，その後の支援を考えるうえで重要な一面となります。

　つまり，子どもが自分でどうすればよいのかを尋ねられるのかどうか，尋ねられずに固まってしまう場合は，どのような声かけをすることで子どもは気持ちを切り替えられるのかを課題を通して見るということです。そのため，マニュアルには，「子どもに消しゴムを使わせない。子どもが間違えたときにどうすればよいか尋ねた場合は，次のように言う。"そのまま続けてください"」と記載されています。ただ，子どもがどうすればよいか尋ねる場合も 5〜10 秒は時間が経過することもありますし，尋ねられずに固まってしまう場合は，検査者が声をかけない限り，10 秒以上の時間が経過してしまう可能性があります。これは，記号を描き写すという能力が低いために得点が低くなるのではなく，間違えたときの対処法の問題で得点が低くなるということです。これで良いのか良くないのかを，ここで議論したいわけではありません。ただ，子どもの生きる力を見るために，【符号】という課題でその一面が見られることは価値あることですが，【符号】そのものではかりたい力，つまり，学校の授業での板書についていけそうなのかどうかなどを推察できる，記号を見ながら（覚えながら）速く正しく描き写す能力を見ることができないということは覚えてお

かなければなりません。もちろんこれを防ぐための方法はいくつか考えられます。なぜ防ぐための方法を考えるのかというと、【符号】以外の課題で、間違えたときの対処法をすでに見られている場合、もしくはその後の課題で見られそうだと予測される場合には、【符号】ではかりたい能力を見ることを優先してもよいと思われるからです。加えて、事前の情報や聞き取りで、【符号】ではかりたい力を特に見たいと思う場合も同様です。

　間違えたときの対処法の問題で得点が低くなることを防ぐ方法としては、単純なことで、WAIS-Ⅲと同様に、間違えたときにどうすればよいか（間違えて描いた印や記号の下の空いているところに、正しい印や記号を描き直せばよいなど）を説明しておくことです。そうすることで、描き間違えたことによる時間のロスを防ぐことができ、【符号】ではかりたい力をより正確に見ることができます。方法は簡単ですが、もちろん毎回誰に対しても、このようなやり方をすればよいのではなく、要はこのような対応をする意味があるのかどうかをしっかりと考えることが大切です。

C. 制限時間と声かけ

　【符号】でも【積木模様】と同様に、制限時間がきたからといって、いきなり「終わり」と言わないほうがよいこともあります。これは大人でも同じような気持ちを持つこともあると思われますが、「できるだけ速く」描くように言われていて、最後の問題まで見えていると、やはり最後の問題まで到達したい気持ちを持つのではないでしょうか（「最後の問題までいけない自分は能力が低い」とも思うかもしれません）。そのため、あともう少しで最後の問題までいけそうなときにいきなり、「終わり」と言われると、子どもが自分自身にもしくは検査者に対して、少なからず不満を持つ可能性があります。これは筆者の主観的な感覚でもありますが、最後の問題までいけないとしても、その行の最後の部分まで、要するに区切りのよいところまではやってしまいたいという気持ちが多かれ少なかれあると思われます。そのため、あともう少しでその行の最後までいけそうな場

合，採点に用いるのは制限時間がきたところまでですが，その行の最後の
ところで「終わり」と言ったほうが，子どもが「やり切った感」を持てる
ことが多いです。それが，その後の課題に対する意欲の持続や子どもが検
査を通して自信を得られることにつながります。

D．子どもが最初の声かけでもやめられないとき

　さらに，ここでもう一つ筆者の体験を交えて考えてみます。【符号】の
教示では，検査者が「『終わり』と言うまで続けてください」と子どもに
伝えます。しかし制限時間がきて，筆者が子どもに「終わり」と伝えて
も，手を止められない子どもがいました。さらに，「終わりやで（終わり
ですよ）」と伝えても終わることができません。どうしたのかと思うと，
「最後までやりたい」と言うのです。制限時間で終われないことは気持ち
の切り替えにくさともいえますが，同時に「最後までやりたい」と思える
ことは子どもの強みの一つです。

　ただ，本当にあともう少しで最後の問題まで到達する場合は，採点の対
象は「終わり」と言ったところまでとして，子どもの納得のために最後の
問題まで進めてもらうというのはよいでしょう。しかし，たとえば問題
が10行あり，制限時間（2分）がきてまだ2行しか描いていないのに，
「最後までやりたい」と子どもが言った場合はどうでしょうか。もしも最
後まで描いてもらうとすると，単純計算で，あと8分以上かかってしまい
ます。しかも，子どもの疲労感はとても強くなり，その後の課題に影響が
出るでしょう。それでは，「最後までやりたい」と子どもが言ったとして
も，この課題をやめてもらって次の課題に進まなければなりません。この
ときに子どもの不満が高くなり，その後の課題に対する意欲が低下したこ
とを筆者は体験したことがあります。それではどうするのがよいのでしょ
うか。

　たとえば，教示の際に，「最後の問題までいかなくても大丈夫やで（大
丈夫ですよ）」と伝えておきます。そうすると，「『できるだけ速く』と言

われているのに，最後の問題までいけない自分は能力が低い」と思うこと
を軽減できますし，比較的スムーズに終わることができます。しかし，こ
れも誰に対しても言ってよいのかというと，もちろんそうではありませ
ん。【符号】の前の【積木模様】の課題で，なかなか次の問題に気持ちを
切り替えられないことや，手先の不器用さなどが推測された場合（【積木
模様】の課題において，気持ちの切り替えにくさ，最後まで取り組みたい
気持ちが強いという一面も子どもの全体像としてすでに理解できている
場合）に，「最後の問題までいかなくても大丈夫やで」と言ってみるほう
が，子どもにとってこの後の課題を進めるうえでメリットが大きいと判断
された場合に，検討してもよいと思われます。

（6）単語

A. 課題の概要

この課題は，問題冊子に書かれている単語を見せながら，「○○とは何
ですか（○○とはどういう意味ですか）」と尋ねて，それに答えてもらう
ものです。問題冊子に書かれた単語は，ひらがなで書かれているものもあ
ればカタカナや漢字で書かれているものもあります。

B. 見たことがあるものを答えられない場合

ここから筆者の体験を交えて考えてみます。たとえば，「ぶた」という
単語が書かれていて，これが何かを説明してもらうとします。そのとき
に，少し考えて「わかりません」という子どもがいたとします。年齢や経
験，家庭環境や対人関係，他の能力から総合的に考えて，「ぶた」はおそ
らく見たことがあると思われます。しかし，説明ができなかったのです。
そこで検査者が，「ぶたって見たことある？」と尋ねると，「うん」と答
えます。そして，「ぶたってどんなん（どんなもの）？」と尋ね直すと，
「ブーブーいうやつ」と答えられます。これは，問題冊子に書かれた「ぶ
た」という視覚的情報と検査者の「ぶたとは，何ですか」という聴覚的情

報から，実際に見たことのある「豚」につながらなかったのかもしれません。もしくは，頭の中で「豚」のイメージは思い浮かんではいますが，それを言葉にすることが難しかったのかもしれません。さらに，頭の中にあるイメージの「豚」と文字から想像される「ぶた」が同じなのかどうかが不安になり答えられなかったのかもしれません。答えられない背景を把握することも，検査結果を日常生活に役立てるうえで大切です。見たことがあるのに言葉にできないのか，文字の視覚的情報と実際のそのものがつながっていないのか，見たことがなくて（聞いたことがなくて）答えられないのか，これらを推測するために，「ぶたって見たことあるかな？」と尋ねたり，そこからもう一度答えてもらったりすることが必要なのです。

　しかし，これは得点に直接影響を与えるものです。答えられない理由は，子どもが最初に「わかりません」と答えたときにははっきりとわかりませんが，「見たことある？」のように尋ねなければ，その後すべての問題が「わかりません」となり，0点に近い得点となります（0点が良くないと言っているのではありません）。もしも1問目の段階で子どもが答えられずに，検査者が「見たことある？」と尋ねて子どもが答えられたとしたら，本来は1問も答えられなかったのに，その後の問題にも答えられるかもしれません。

　これは検査者が，解決策や考え方を教えてしまったために，子どもの日常生活における能力よりも高い検査結果となり，「この子どもは説明することに関しては困っていない」という解釈をしてしまう可能性にもつながり，必要なサポートが受けられなくなる可能性があります。ゆえに，最初の問題からいきなり「見たことある？」のように尋ねるのではなく，得点としては0点で中止になってから，問題を戻ってあらためて「見たことある？」と尋ねるほうがよいでしょう。

　これらを通して，子どもの本来の力や困り感を把握することができ，必要なサポートも考えることができます。ただ，意欲が低下していて本当

だったら答えられるのに答える気がなく，「わかりません」と言う場合もあります。それで得点を0点にしてしまうと，これこそ子どもの持つ力をはかれていないことになります（もちろんなぜ意欲が低下しているのか，意欲が低下するとどのような反応となり，どうすればまた意欲が向上するのかといった面ははかれていることになります）。そのため，子どもと話し合ったり休憩をはさんだりして，再度課題に取り組む意欲を高めてもらい，問題をやり直すということも考えられます。これも，目の前の子どものそのときの状態に応じて判断することが求められるのです。

C. 「わかりません」が続くとき

また，これも筆者の体験ですが，「わかりません」と言う問題が続くと，子どもの意欲は低下しやすく，その次の課題にも影響が出ることがあります。そこで，「わかりません」と子どもが言った後に，「（学校で）まだ習ってない？」と検査者が尋ねると，「習ってない！」と安心して（堂々と笑顔で！）答えられる子どもが多いです。これは「わかりません」と言うと，「自分の能力が低い」といったように，自分のせいにしてしまうかもしれませんが，「まだ習ってない」と言うと，自分のせいではなく，学校のせいにすることができるからだと思われます。自分に自信が持てない子ども，学習に対して苦手意識を持っている子どもほど，「まだ習ってない」という言葉はとても安心できるようです。逆に，「まだ習ってない」と言えることで安心できる子どもを見ると，わからないことで責められることが多いのではないか，学習面で他者と比較して劣等感を抱いているのではないか，といったことも推測できるかもしれません。

（7）語音整列

A. 課題の概要

この課題は，【数唱】と似ている部分もありますが，検査者が言う数字とひらがなを聞いて覚え，頭の中で並べ替えて答えてもらう課題です。ま

ずは，検査者が数字とひらがなを一つずつ言い，覚えた数字とひらがな
を，数字を先に，ひらがなを後に並べ替えて答えてもらいます。たとえ
ば，検査者が「う-3」と言う場合は「3-う」と答えるのが正解です。ま
た，検査者が「4-い」と言う場合は，「4-い」と答えるのが正解となりま
す。【数唱】の"逆唱"ではありませんので，順番を並べ替えないでよい
ときもあれば，並べ替えなければならないときもあります。2桁を通過す
ると，桁数が増えていくのですが，やり方が追加されます。数字を先に，
ひらがなを後に答えるというやり方は同じですが，数字は小さい順に，ひ
らがなはあいうえお順に答えるのです。たとえば，検査者が「け-7-2-
く」と言う場合は，「2-7-く-け」と答えるのが正解となります。

B. 教示が理解できないことから子どもを理解する

　ここで筆者の体験を交えて考えてみます。【語音整列】は，5歳の子ど
もでも16歳の子どもでも教示は同じです。そのため，特に5，6歳（実年
齢ではなく発達年齢）の子どもで教示を理解できないことがあります。た
とえば，「数字を先，ひらがなを後」と伝えても，逆唱で答えてしまうこ
とがあります（問題が「4-い」でそのまま答えるのが正解であるところ
を，「い-4」と答えてしまうのです）。これは，すでに【数唱】の課題で
"逆唱"（問題が「2-5-9」のときは，「9-5-2」と答えるのが正解とな
る）を実施しているので，そのやり方が頭に残っていることも大きいと思
われます。

　もちろん，前のやり方が残っている（前のやり方と同じやり方を選ぶ）
というのも，子どもの全体像を把握するうえで重要な要素になります。あ
まり考えずに同じやり方を選んでしまうのだとしたら弱みともいえます
し，わからないなりにも自分で何とかしようという意欲が高く，それまで
のやり方を選んでいるのだとしたら強みともいえます。最初の練習問題や
本題の途中でも，間違っていた場合には「数字を先に，ひらがなを後に」
と伝えてもよい箇所があるため，そこで修正できるかどうかも，子どもの

日常生活の困り感を捉えるうえでとても重要な要素です。

　ただし【語音整列】は，「数字を先に，ひらがなを後に」という教示を
するのですが，ひらがなを先に，数字を後に答えても正解となります（た
とえば，問題が「2‐え」の場合，教示どおりに答えると「2‐え」が正解
となりますが，「え‐2」と答えても正解となります）。このときに，やり
方を理解しきれなくても答えようとする子どもとやり方を理解しきれない
と答えられない子どもとで得点が変わってきます。やり方を理解できてい
るが数字とひらがなを並べ替えることができずに答えられない子どもと，
やり方を理解できていないからこそやり方を間違っていることに気づかず
に答えられる子どももいます。やり方を理解しているが答えられないの
は，純粋に聴覚処理能力をはかれていますが，やり方を理解できていない
のに正解となり得点が高くなるのは，聴覚処理能力が低いにもかかわら
ず，得点だけを見ると子どもが持つ本来の力よりも高い結果となります。
このときに，やり方を理解できずに正解となっているのだから，この課題
を採点に用いずに，補助検査の一つを採点の代わりに用いるという選択肢
もあります。やり方を理解できずに教示と異なる答え方をしても正解と
なって得点が取れるため，やり方を理解できていない【語音整列】を採点
に使うのか使わないのかの判断が難しくなります。ここで，もう一つのエ
ピソードを述べてから，この判断についても考えてみます。

C．視覚情報の扱い方・考え方

　課題のやり方を理解してもらうことで，その課題ではかりたい力をはか
れることができ，検査結果を子どもの支援に活かすことにつながります。
そのため，【語音整列】のやり方も，できるだけ正確に理解してもらうこ
とが必要です。しかし【語音整列】は，他の課題と比べてもやり方を理解
できない子どもが多いです。そこで，「数字を先に，ひらがなを後に」と
最初に説明をして練習する際に子どもが間違えた場合に，その間違えた問
題で次のような説明を付け加えます。「"4‐い"は，"4"が数字で，"い"

がひらがなだから，"4-い"が答えになります」。これはマニュアルにも書かれているのですが，それでも子どもが理解できないときがあります。その場合に，【数唱】の"逆唱"と同じように，「4-い」の説明を工夫します。たとえば，「4」と言いながら子どもから見て左に指を置き，「い」と言いながら子どもから見て右に指を置いて説明します。そうすると，順番が視覚化されてやり方を理解できる場合があります。しかし，聴覚処理能力をはかる課題であるにもかかわらず，この教示では視覚情報を与えてしまっています。ゆえに，この教示をした後の正解は，採点には使わず参考に用いることがよいかもしれません。しかし，指を机の上に当てながら考えるやり方を，子ども自身がそれ以降の問題で用いないことが多いです。そのときは，頭の中で視覚情報が想像されているのかもしれませんが，聴覚情報のみで数字やひらがなを並べ替えていると思われますので，採点に用いてもよいかもしれません。

ただ，筆者の体験でもありますが，検査者が数字とひらがなを言うときに，子どもが数字やひらがなを机や手の平に指で書くことがありました。自分自身で視覚情報を補助的に用いる方策を考えたのです。子どもがやり方を理解できないときに，検査者が視覚情報を用いるやり方を説明してやり方を理解できたとしても，その後の正解を採点に用いないのであれば，子どもが自分で視覚情報を用いるやり方をしたときは，検査者はそれを止めるべきではないでしょうか。つまり，聴覚処理能力を純粋にはかれていないかもしれないからです。WISCは子どもの問題解決能力を把握することも重要な要素なので，子どもが視覚情報を用いるやり方を発見することは良いことです。しかし，子どもが自分で効率の良い方策を見つけたからといって，それを許容するかどうかはまた別の問題になります。読者のみなさんも自分自身で考えていただきたいのですが，子どもが手の平に指で数字を書いていたら，すぐに止めることができるでしょうか。机の上に数字を書いてそれを注意した後に手の平にこっそり書いていたら，さらに止

めることができるでしょうか。それで得られた正解は採点に用いるでしょうか。それらをすべて考えたうえで，すでに述べましたが，練習問題で間違えた問題に対して，机に指を当てながら説明するという教示を用いてもよいのか，用いるべきではないのか，その後の回答を採点に用いるのか，参考程度に留めるべきなのかなどを考えることが大切です。

これらを考えたうえで，追加の教示をした【語音整列】の得点を採点に用いるのか，【語音整列】ではなく代わりとなる補助検査を採点に用いるのかの判断を下す必要があるのです。

(8) 行列推理

A. 課題の概要

この課題は，問題冊子の上のほうに，空白箇所がある絵や図形が描かれています。問題冊子の下のほうには，五つの絵や図形が描かれていて，そのなかで上の空白箇所に最も適切に当てはまると思われる絵や図形を一つ選んでもらいます。空白箇所には，いろいろな法則があり（たとえば，選ぶべき答えは，すべて同じ図形になるようにする，横と同じ図形になるようにする，縦と同じ図形になるようにするなど），問題が進むにつれて，答えを選ぶパターンも変わっていきます。そのため，前の問題と同じパターンで答えを選んでしまうと間違えてしまうことが多いです。

B. 問題をよく見ずに間違いが連続する場合

ここで筆者の体験を交えて考えてみます。【行列推理】の前の課題が【語音整列】であり，多くの子どもにとっては，【語音整列】のほうが難しく感じるようです。それは，【語音整列】では，最後の桁数までいかない限り，覚えられない桁数まで課題を進めるため，子どもにとっては，最後まで「できなかった」という印象を抱きやすいと考えられます。しかし，【行列推理】は絵や図形を選ぶ課題で，問題の取り組みやすさを感じる子どもが多いようです。そのため，この課題に時間制限はありませんが，子

どもによってはテンポよく答えていくことがあります。それが，先述した
ように，答えを選ぶパターンが変わっても，絵や図形全体をあまり見ずに
答えてしまい，すぐに問題が中止になってしまうことにつながります。こ
れは，子どもが本来の力を発揮する前に（視覚情報から物事を推測する力
をはかるスタート地点に立つ前に），問題が中止になってしまうというこ
とです。

　もちろん，問題をあまり見ずに答えることは，その子どもの特性の一つ
といえます。日常生活においては，目立つ情報だけを捉えて物事を判断し
てしまい，その場にそぐわない言動を取ってしまうことがあるのかもしれ
ません。あるいは学習面においては，問題の細部まで読まずに（「正しい
ものを一つ選びなさい」ではなく「間違っているものを一つ選びなさい」
になると気づかないなど），ケアレスミスをしてしまうなどが考えられる
でしょう。しかし，それは注意を向けようと思えば向けられるかもしれな
いのです。つまり，「問題は最後までよく読むようにしなさい」と伝えら
れると，視覚情報から推測する力を発揮できるかもしれません。ゆえに，
【行列推理】で問題をあまり見ずに答えて間違ってしまうのは，視覚情報
から推測する力が低いというよりも，注意力の問題が大きいかもしれませ
ん。

C. 事前に注意喚起をするか，しないか

　ここで，以下のようなやり方が考えられます。問題を始める前の教示に
も入っていないものですが，子どもが問題をあまり見ずに答えていると判
断できたときに，「（問題を）よく見て答えて」と伝えてみます。そうする
と，問題を見てぱっと答えを選んでいた子どもが，次の問題からじっくり
問題を見て答えるようになります。そうすると，答えを選ぶパターンが変
わっても，最も適切な答えを選ぶことができるようになることがあるので
す。これをどの段階で伝えるのか，つまり問題が中止になる前の段階で伝
えるのか，もしくは問題が中止になった時点で，「もう一回，問題をよく

見て答えてみて」と伝えて，すでに終わった問題に再度取り組んでもらう
のか。また，「よく見て答えて」と伝えた後の回答を採点に用いるのか，
所見を書く際の参考程度に留めておくのかは，他の課題と同様に検討する
必要があります。そのため，問題を始める最初の教示の段階で伝えておく
方法もありますが，そうすると問題全体をあまり見ないという，視覚情報
の処理の仕方を把握することができません。

　本来の力が何かという問いに答えることは難しいですが，視覚情報に対
する注意力が低いことも，子どもの全体像を把握するうえで重要な一面で
あるため，それを事前に防ぐことは望ましくないと考えます。

D．子どもの回答を見逃したとき

　また，【絵の概念】でも同様ですが，子どもが指さして選んだ答えを検
査者が見逃してしまうときがあります。これは，あってはならないことで
すが，検査者の不注意という場合もあり得ますし，子どもが検査者とのや
り取りを楽しむかのように，とても素早く指さしたり指さした箇所が曖
昧であったりする場合もあります。そのときに検査者が，「もう1回（指
さして）」と言うと，最初に指さした答えと違う答えを選ぶことがありま
す。それは，検査者が再度尋ねることで，最初の答えが間違っていたので
はないかと子どもが不安になるからです。そのため検査者には，子ども
に間違っているかもしれないという不安をできるだけ起こさせないよう
にする聞き方が求められます。たとえば，「ごめん，指が速すぎて見逃し
ちゃった。もう1回ゆっくりお願い」と，答えが合っているか間違ってい
るのかの問題ではなく，指の速さの問題であると表現します。あるいは，
「ごめん，下向いちゃってた」と明らかに検査者が違うところを見ていた
ことにして，子どもではなく検査者の問題であるように伝えます。

　このように，検査者自身の質問や反応が，子どもにどのような影響を与
えるのかを考えたうえで，検査者の振る舞いや言葉を瞬時に選ぶ柔軟性が
必要で，検査者にはそのような姿勢と努力が常に求められるのです。

第5章　検査を通して子どもの全体像を把握する

E. スマートフォン時代の回答

　少し話がそれますが，補足的な話があります。【行列推理】は，上の空白箇所に下の五つの絵や図形から一つ答えを選ぶのですが，おそらくスマートフォンの普及に伴って，子どもの答えの選び方（指の動かし方）に変化が起きています。スマートフォンが普及するまでは，最も適切と思われる答えを指さすだけでした。しかし，スマートフォンが普及してからは，答えを指さした後，その答えを指に当てながら，空白箇所までその答えを持っていこうとします。これは，スマートフォンでいうと「スワイプ」という動作です（パソコンのマウスでは，左クリックを押しながらマウスを動かす「ドラッグ」という動作です）。スマートフォンが普及するにつれて，スワイプするように答えを選ぶ子どもが増えてきているように感じます。これは，子どもの頃からスマートフォンに慣れ親しんでいるためと考えられます。それが良いのか悪いのかというのをここで問題にするわけではなく，時代や社会の変化が検査の場面にも表れることが大変興味深いと筆者は感じました。

　このように，答えの選び方だけではなく，考え方や答えの内容も時代によって変化してくるため，検査の改訂は必須となります。それだけではなく，検査者自身も時代に合わせて，新しい情報を取り入れ知見を広げようとする姿勢や努力が求められるのではないでしょうか。

（9）理解

A. 課題の概要

　この課題は，社会的な常識やルール，対人関係における対処法などの質問に答えてもらう課題です。火事のときの対処法や友だちに借りたものを無くしてしまったときの対処法など，さまざまな問題から構成されています。そして，回答が一つだけでよい問題もあれば，複数の回答が必要なものもあります。【単語】と同様に，回答の内容が足りないときや曖昧なと

きには，マニュアルに従って，より詳しい回答を求めることになっています。

B. 詳しい回答を求める際に考えること

　ここで筆者の体験を交えて考えてみます。子どもが一度回答した後に，詳しい回答を求める場合の教示は，「それはどういうことですか？」「もっとそのことについて話してください」となっています。これも，【行列推理】の箇所で述べましたが，検査者が再度尋ねるということは，子どもにとっては先ほどの答えが間違っているのではないかという不安を生じさせるものです。そのため，先ほどの答えについてより詳しく答えられる場合であっても，「わかりません」と回答するのをやめてしまうことがあります。もちろんこれも，子どもの全体像を把握するうえで大切な特性です。つまり，日常生活においては，他者から自分の考えや答えを求められると，自分の考えや答えに自信を持てずに，頭の中では思い浮かんでいても発言できないことが考えられます。これは，答えが思い浮かんでいないのではなく，自信の問題が大きく，思い浮かんでいても言えないのです。

　この場合は，どのように子どもの不安を軽減するか，自信を持てるようにどのような関わりをするかといった支援を考える必要があります。【理解】では，社会的な常識やルール，対人関係における対処法の質問を理解して説明できるかといった力をはかっています。そのため，自信を持てずに答えられないことで得点が低くなってしまうことは，【理解】ではかりたい力をはかれておらず，子どもが本来の力を発揮できていないのです。ゆえに，不安を軽減して答えてもらうことも，【理解】ではかりたい子どもの力を把握するうえで重要となります。

　そこで，【行列推理】のときと同様に，より詳しい回答を求める際に，子どもの不安を生じさせない聞き方を考えておきます。「あなたの説明が足りないから」というニュアンスではなく，「検査者がもう少し教えてほしいから」というニュアンスで子どもに伝わると，先ほどの自分の答えが

間違っているかもしれないという不安は高まりにくく，より詳しい回答が思い浮かんでいながら答えなくなる可能性が低くなります。しかし，マニュアルの教示の「それはどういうことですか？」「もっとそのことについて話してください」では，不安が高まる子どもがいます。そのため，「ごめん，もうちょっと詳しく教えてもらってもいいかな」と検査者が教えてほしいと思っているようにお願いをします。このような聞き方のほうが，子どもにとって不安は生じにくいと思われますが，何を言うかというよりも，どのように言うかが大切なので，たとえマニュアルの教示どおりの聞き方をするとしても，柔らかく伝えることが何よりも大切です。

C. 子どもの回答を聞き返すこと

これと同様に，検査者が子どもの回答を聞き逃したときに，「はい？」や「えっ？」と言ってしまうと，子どもの不安は高まりやすく，最初に言った回答を取り消してしまい，「（やっぱり）わかりません」と言ってしまうことがあります。「はい？」や「えっ？」は，人によっては普段からの口癖になっていることもありますので，検査者は普段何気なく使っている言葉が，子どもの不安を生じさせ検査の障害になりうることも覚えておき，言葉遣いや反応に注意を払わなければなりません。

（10）記号探し

A. 課題の概要

この課題は，【符号】と同様に，5～7歳と8～16歳とで実施する内容が異なります。おおまかなやり方としては，5～7歳では，一行の左側に記号が一つあり，その右側に記号が三つ並んでいます。さらにその右側には，「ある」と「ない」が書かれています。左の記号と同じ記号が右側にあれば，「ある」に丸をつけて，なければ「ない」に丸をつけます。それが1ページにたくさん書かれていて，できるだけ速く間違えないように進めていくものです。8～16歳では，一行の左側に記号が二つあり，その右

側に記号が五つ並んでいます。さらにその右側には,「ある」と「ない」が書かれています。左の二つの記号のうち,どちらか一つの記号が右側にあれば,「ある」に丸をつけて,どちらの記号もなければ「ない」に丸をつけます。こちらもできるだけ速く間違えないように進めていくものです。

　どちらも最初に例題と練習問題があります。例題は,検査者が説明しながら検査者が丸をつけます。練習問題は,子どもに取り組んでもらい,理解できていることを確認できたら本題に入ります。

B. 練習問題ができても,やり方を理解できているとは限らない

　ここで筆者の体験を交えて考えてみたいと思います。5〜7歳の課題も8〜16歳の課題も,例題が2問,練習問題が2問になっています。例題も練習問題も,1問目が「ある」2問目が「ない」で,答えが同じになっています。子どもがやり方を充分に理解できていない場合,「ある」「ない」の順番で答えを選べばいいと理解してしまうことがあります。練習問題では,それで答えは合っているため,検査者が子どもはやり方を理解できていると勘違いしてしまうことがあります。そのまま本題に進んでしまうと,子どもは答えを「ある」「ない」の順番で選んでいってしまいます。その場合,本題の途中で止めてもう一度説明をやり直して再度取り組んでもらうのか,やり方を理解できていないと判断して中止にするのか,これも検査者の判断に任されることになります。これを防ぐために,検査者は子どもが「ある」「ない」と答えを選べたからといって理解できているわけではないということを覚えておいてもよいでしょう。また,当然のことですが,子どもが課題に取り組んでいるときには,子どもの様子を常に観察するようにしなければなりません。

　検査に慣れてくると,子どもが課題に取り組んでいるときに,他の課題の採点をしようとする人がいるかもしれません。それは,次の検査の予約が詰まっていて採点をする時間が充分に取れないなどの苦しい事情があるゆえかもしれませんが,子どもの様子を観察するという基本姿勢を忘れて

はいけません。

C. 間違いへの対応について

　また，成人知能検査の WAIS-Ⅲ では，例題で説明するときに，「>」と「<」のように記号が反対であるときは「ない」に丸をつけるように，そして間違えて丸をつけてしまったときは，そちらに斜線を入れて，正しい答えに丸をつけるように説明します。つまり，間違えたときにはどうすればよいか，消しゴムは使わず鉛筆で間違いを正すようにということが間接的に伝えられます。しかし，WISC-Ⅳ ではそのような説明がありません。そのため，【符号】の項目でも述べましたが，子どもによっては間違えたときにどうすればよいのかわからずに止まってしまう可能性があります。そうすると，【記号探し】ではかろうとしている，「見て判断して書く」といった処理能力を充分に発揮できないかもしれません。

　これは，間違えたときにすぐに検査者に質問できるのか，説明がなくても鉛筆で斜線を引くなど自分なりに対処できるのか，質問することも対処法を取ることもできずに止まってしまうのか，子どもの全体像を把握するうえでは重要な一面でもあります。しかし，処理能力をはかりたい場合，間違えて 30 秒間止まってしまうと，はかりたい一面がはかれないことになります。そのため，目の前の子どもの間違えたときの対処法をここまでの課題ですでに把握できている場合，もしくはこの後の課題でも把握できそうな場合，把握できないとしても処理能力をはかることが優先される場合は，間違えたときの対処法（間違った答えに斜線を引いて，正しい答えに丸をつける）を伝えておくことも必要と思われます。

　ただし，WAIS-Ⅲ では間違えたときの説明がありましたが，WAIS-Ⅳ では WISC-Ⅳ と同様にその説明がなくなっています。処理能力の得点だけではなく，困ったときにどのような対処を取るのかといった一面の把握がより重視されたのかもしれませんが，目的に沿って，間違えたときの対処法を伝えるのか伝えないのかを検討してもよいでしょう。

D. 課題の配置や分量が子どもに与える影響

　また，課題の分量は5〜7歳の課題では，最初の見開き2ページとめくったところの1ページを合わせて3ページ，8〜16歳の課題では，最初の見開き2ページとめくったところのこれも見開きの2ページを合わせて4ページとなっています。教示では，最初の見開き2ページが終わったらページをめくって，次のページも課題が続くということを説明することになっています。しかし，同じ処理速度の課題である【符号】で，描く速度がとても遅かったとします。その場合，【記号探し】においても，最初の見開き2ページ以降に進める可能性がかなり低いと判断されることがあります。さらに，ここまで課題を進めてきて意欲が低下している場合（もちろん検査者は意欲を向上させる努力をしなければなりません），鉛筆で描く（書く）という課題に対して苦手意識や嫌悪感が強い子どもの場合を考えてみます。

　5〜7歳の課題では，最初の見開き2ページのあとにもう1ページあること，8〜16歳の課題では，最初の見開き2ページのあとにもう2ページあることを本題に入る前に伝えると，その時点で，「こんなに（問題が）多いのか」「全部できるはずがない」と思って意欲が低下してしまい，本来の力を発揮できない場合があります。それも何度もいうように，子どもの全体像を把握するうえで重要な一面ではありますが，【記号探し】ではかりたい能力がはかれなくなる可能性が生じます。子どもによっては，問題が多いとわかると，つまり自分にできるわけがないと思うと，意欲が低下して真剣に取り組まなくなることが考えられますので，「これぐらいだったらやってもいいかな」と思えることが，意欲的に課題に取り組み，本来の力を発揮するためには重要となります。そこで，あえて最初の見開き2ページのあとに，次のページにも課題があるということを伝えないことも処理能力を充分に発揮するうえで，検討してもみてもよいでしょう。

第5章

検査を通して子どもの全体像を把握する

E. 思わず言ってしまう一言が子どもに与える影響

　これは補足ではありますが，【符号】や【記号探し】，【絵の抹消】の課題では鉛筆を用います。その際に，鉛筆を持っていないほうの手で問題用紙を押さえずに取り組む子どもがいます。そうすると，描いている途中で問題用紙がずれたり描きにくかったりして，スピードが少し落ちることがあります。これは，【積木模様】の課題を片手で取り組む子どもがいた場合にもいえることですが，検査者が思わず，「両手を（もう片方の手も）使ってもいいよ」「手でおさえたら？」と言ってしまうことはないでしょうか。これも何を優先するかということを常に考えなければなりません。子どもが日常的に片手で取り組むということは子どもの全体像を把握するうえで必要な情報です。また，片手だと時間がかかる，描きにくいとわかっていて，もう片方の手を使うのか使わないのか，つまり解決能力やその意欲はあるのかどうかなどがわかります。しかし，両手で取り組むのと取り組まないのとでは，【積木模様】でも【符号】でも【記号探し】でも，作業速度をはかるうえでは結果が変わってくる可能性があります。

　検査者が思わず言ってしまう一言でさえ，検査場面であれば，子どもの全体像を把握することに影響を及ぼす可能性があることを念頭に置いたうえで，何を言うのか言わないのかを判断し，どのように言うのかを即座に考えなければなりません。

（11）絵の抹消

A. 課題の概要

　この課題は，見開き2ページの中に動物や植物，車などのたくさんの絵が描かれています。そのなかで動物だけにできるだけ速く間違えないように，鉛筆で線を引いていく課題です。【符号】や【記号探し】と同様に，処理速度の指標の中に含まれますが，その二つと比較しても，やり方を理解することが容易である子どもが多いため，【符号】や【記号探し】のや

り方を理解できなかった子どもでも取り組みやすいものになっています。また，見開き２ページに多くの絵が描かれているのを見ると，その多さにびっくりする子どもも多いです。さらに，動物だけに線を引くという課題は，多くの子どもにとって楽しいようです。そのため，【絵の抹消】を検査の最後に実施することで，子どもにとって良い印象（楽しかった，自分でもできたなど）で検査を終われることもあります。

B．２回目があることの影響

　ここで，筆者の体験を交えて考えてみます。【絵の抹消】は，２回実施しますが，教示では２回目があることを伝えないことになっています。これは筆者が，検査の最後に【絵の抹消】を実施することが影響しているかもしれませんが，１回目が終わって「これで（この課題が，もしくは検査の全部が）もう終わりだ」と子どもが思った途端，２回目があることを検査者から伝えられます。これは，子どもにとってはとても辛いものです。ここまでの課題をこなすのにとても疲れているのに，追い打ちをかけられるようなものです。そのため，２回目の実施の際に，意欲が極端に低下する子どもがいたり，この課題に１回目に取り組んだときは楽しめていたのに，嫌な気持ちになってしまったりする子どももいます。

　何度もいうように，ここで意欲が低下するのかしないのか，検査者にどのような反応を示すのかといったことも，子どもの全体像を把握するうえで大切な指標です。しかし，ここまでの課題で子どものそのような一面がすでに把握できている場合，または勉強に苦手意識を抱いている子どもにとって「自分でも検査（勉強）ができた」と思えることが優先される場合などは，１回目に取り組む前に，２回目があることを伝えておき嫌な気持ちになる可能性を軽減したほうが，子どもにとって有意義ではないでしょうか。

　しかし，ここで筆者の反省点も正直に伝えておこうと思います。筆者は子どものことを考えて，教示の際に，「２回あるからね」と伝えたことも

あります。子どもはその説明は理解できていました。1回目のときに，開始からしばらくは順調に線を引いていた子どもが，見開きの左のページが終わった途端に手が止まり，線を引いていない動物がないかを確認し始めたのです。筆者はその様子を観察しながら，「普段から見直しをする習慣があるのかな」と思っていたのですが，2回目を実施するときに問題用紙を裏返すと，「えっ，こっちもあるの？」と聞かれたのです。その子どもは，最初の見開き2ページを2回できると思っていたようで，そのため見開きの左のページを1回目に，右のページを2回目に線を引いていこうと思っていて，左のページをゆっくり見直していたのです。これは，筆者が教示には書かれていないことを言ったばかりに，子どもを混乱させてしまい，本来の力を発揮できなかった悪い例です。これも何度もいっていることですが，検査者の言葉やしぐさの一つひとつが目の前の子どもに何らかの影響を及ぼすため，その言葉やしぐさによってどのような影響が出るのか出ないのかを常に考える姿勢を持たなければなりません。

　筆者はその後，2回目があるということを伝えるときには，「1回目はここで」と最初の見開き2ページ全体を指し示し，「2回目はここね」と裏返した見開き2ページ全体を指し示して説明することにしました。そうすると，最初の見開き2ページを2回すると勘違いをする子どもはいなくなりました。このように，何かを変えると何かが起こり，それに対処することでまた何か別の問題が出てくるかもしれません。そのため，子どものためにと思って何でも変えてもよいというわけではなく，検査者としてしっかり見通しを持ち判断できているかどうかが大切なのです。筆者ももちろん，常に考え続ける姿勢を持ち，検査の一つひとつを振り返る作業を忘れてはいません。

（12）算数

A．課題の概要

　この課題は，最初のいくつかの問題は，問題冊子を見せて数を数えてもらったり足し算や引き算の計算をしてもらったりするものです。6歳までは問題冊子を見せて解いてもらう問題から始まります。7歳からは，問題冊子を見せずに，検査者が文章を読み，子どもがそれを聞いて頭の中で計算をして答える問題から始まります。問題が進むにつれて難しくなり，1桁どうしの足し算や引き算から，2桁どうしになったり，3項になったりします。そして，掛け算や割り算，平均や割合の計算になっていきます。

B．教示を2回読めることをめぐるさまざまな問題

　ここで筆者の体験を交えて考えてみます。検査者が文章を読み終わると，「もう1回言って」と言う子どもがいます。マニュアルでは，一度は繰り返し読んでもよいことになっています。しかし，教示の際に，2回まで問題を読めることは伝えないことになっています。つまり，子どものほうから自発的に「もう1回読んで」のように言われた場合，もしくは検査者から「もう1回読もうか」のように尋ねた場合でしか，2回目を読めないのです。

　まずは，子どもが自発的に再度問題を読むように言う場合を考えてみましょう。文章を聞き逃したとき，文章を一度で理解できなかったとき，文章のなかの数字を忘れてしまったときなどに，自発的に検査者に「もう1回読んで」のように言う子どもと「わかりません」のように言う子どもがいます。これは，子どもの全体像を把握するうえでは重要であり，聞き逃したときやわからないときに，誰かに尋ねられるのかどうかといった一面を把握することができます。しかし，問題を一度聞くだけでは答えられなくても，二度聞くことで答えられるかもしれません。つまり，聴覚処理能力や計算能力は同程度であったとしても，検査者にもう一度問題を読むよ

うに言えるかどうかで得点が変わる可能性があるということです。ただ，聞き逃したときやわからないときに誰かに尋ねられる力を持つ子どもでも，【数唱】や【語音整列】の際に，「もう1回読んで」と言っている場合があります。【数唱】や【語音整列】では，繰り返し読めないことになっているので，検査者は「一度しか読めません」ということを子どもに伝えています。子どもからすると，「もう1回読んでくれるように言っても読んでくれないのか」ということを学習しているかもしれません。すると，普段なら誰かに尋ねる力を持っているとしても，目の前の検査者は，もう一度読むように言っても読んでくれないと思って，【算数】の課題のときにはもう尋ねなくなっているかもしれません。つまり，【算数】の課題において，誰かに尋ねる力もはかれていないのです。

C. 各対応の一長一短

　ここで，検査者のほうから「もう一度読もうか」と言う場合と，教示の際に2回読めることを伝えておく場合を考えてみましょう。どのような場合に，検査者のほうから「もう一度読もうか」と言うのでしょうか。子どもが答えられているうちは，もう一度読めることを伝えずに，子どもが考え込んでいるときなどに，「もう一度読もうか」と言うかもしれません。そのように尋ねると，断る子どもはほとんどおらず，もう一度問題を読むことになります。そして答えられる子どももいますし，それでも答えられない子どももいます。

　しかし，ここですでに問題が生じています。たとえば，文章問題を聞きとれなかったときに，すぐに「わかりません」と言う子どもがいます。あるいは，本人なりには考えているかもしれませんが，適当に答える子どももいます。このような場合は，検査者のほうから「もう一度読もうか」と言えないかもしれません。子どもの答え方によって，もう一度読めることを伝えられる場合と伝えられない場合が出てきます。

　それを防ぐために，教示の段階で，「2回読めるよ」ということを伝え

るとどうなるかを考えてみましょう。教示の段階で伝えておくと，子どもの答え方によって左右されず，二度目を検査者に読んでもらうか読んでもらわないかは子どもが自分で判断できます。ただし，【算数】の課題には，教示の際に「できるだけ速く答えるように」といった説明はありませんが，制限時間があります。問題を一度読み終えてから時間を計りますが，子どもに促されて検査者が問題を繰り返し読んでいるときも時間はカウントされるのです。制限時間を過ぎてからの答えは，たとえ正答であったとしても得点は0点になります。

　ここでまた一つ問題が生じてきます。たとえば，間違えたくない気持ちが強い子ども，自分の答えに自信を持てない子どもは，文章問題を一度聞いた段階で，頭の中で答えは出てきていても，確認のために「もう1回読んで」と検査者に尋ねるかもしれません。すると，繰り返し問題を読んでいるうちに，制限時間が切れてしまい，子どもの答えが合っていても得点が0点になってしまう可能性があります。つまり，検査者が「2回読めるよ」と伝えたことで，本来であれば正答になっていたかもしれない問題で得点が取れないのです。

D. 総合的に望ましい対応を考える

　ここまでを総合すると，子どもの全体像を把握するうえでは，以下のような方法が望ましいかもしれません。もう一度読むように検査者に尋ねなかった子どもに，問題が中止となってから，「もう1回問題を読んでみるから，よかったら考えてみて」のように伝えて，中止になる前の問題を再度読む。それで答えることができれば，二度聞くと答えられる力があるということがわかりますし，相手に尋ねるスキルを身につけることで，日常生活での困り感が軽減する可能性があることがわかります。もう一度読むように検査者に尋ねることができずに得点が低くなってしまった場合も，補足情報として所見に付け加えることができます。読者のなかには，結局マニュアルどおりに実施するのかと思われた方もいるかもしれません。し

108

かし，さまざまな場合を考えて，やはりマニュアルどおり実施することが最も良い方法であると納得できると，より自信を持って検査を実施することができます。それが，検査を受ける子どものためにつながるのです。

✒まとめ

1 数値でははかれない力を見ることにも縛られすぎてはいけません。子どもに心身ともに負担をかけることにもつながるからです。つまり，何を見るべきなのか，何を優先するべきなのかをその時々で考えて，事前に子どもが困るであろうことに対処するべきなのか，あえて対処せずに数値でははかれない力を見るのかを見極めます。そのうえで，検査者自身が子どもに対して，何を言うのか言わないのか，何をするのかしないのかを判断することが求められます。

2 検査者が，子どもの答えを聞き返すと，子どもは自分の答えが間違っているかもしれないという不安が生じ，答えを変えてしまうことがあります。そのため，子どもにできるだけ不安を生じせないようにする聞き方を意識することが求められます。

3 マニュアルの何かを変えると付随して何かが起こり，それに対処することでまた何か別の問題が出てくるかもしれません。そのため，子どものためにと思って何でも変えてよいというわけではなく，検査者としてしっかり見通しを持ち判断できているかどうかが大切です。

第6章

検査結果をどのように活かすのか

第1節　所見・報告書

　検査後に，子どもや保護者に検査時の様子や検査結果を説明するだけではなく，病院を中心とした多くの施設では，所見・報告書をまとめるでしょう。所見・報告書の書式は，各病院や各自治体によって異なりますが，誰の何のための所見・報告書なのかをしっかりと意識して作成する必要があります。もちろん，誰のためかというと，検査を受けてくれた子どものためなのですが，主な読み手は保護者なのか，学校の先生なのか，主治医なのかによって，書く内容や書き方が変わってくるでしょう。ただ，たとえ主治医が主な読み手であったとしても，保護者や子どもに対して，その内容を損なわないように言い換えて伝える努力をし続けることが大切です。また，筆者にとっても，今もこれからも努力するべき点ではありますが，所見・報告書は読み手にその内容が伝わらなければ意味がありません。書き手の自己満足になっていないかを常に注意して，読み手の気持ちや状況を想像しながら，所見・報告書をまとめることが求められます。

　所見・報告書の作成に慣れてくると，検査者のなかで，ある程度のかた

ちができあがってきます。Aという結果が出た場合には，Bという内容を
記載する，というものです。所見・報告書を作成する作業は本当に大変
ですが，ある程度のかたちができあがると，作成にかかる時間や労力が軽減
していきます。それは，実力がついた結果といえるかもしれません。しか
し，それはもしかすると，検査を受けてくれた子どものことをあまり考え
なくなっている証拠かもしれません。同じ結果であったとしても，子ども
の特性や置かれた状況などは，一人ひとり異なるはずです。たとえば，
「視覚教材を用いるほうがよい」という助言であったとしても，誰がどの
ようなタイミングで用いるのか，用いたときに子どもはどのような反応を
しそうなのか，うまくいかないとしたらどのような状況が考えられるのか
など，考えれば考えるほどに，助言も一人ひとり異なることがわかりま
す。それも検査から得られた情報をもとに根拠を持って記載しなければな
りません。検査時に，どのような視覚教材にどのような反応を示したの
か，それらも踏まえると，数値が同じであったとしても，よりどころにす
る根拠や助言内容も一様ではありません。

　所見・報告書の内容は，多くの子どもに当てはまることを記載するの
ではなく，一人ひとりの子どもに合わせたものになっているか，検査者はそ
の問いを念頭に置きながら，悩み考えまとめる作業を進めていくことが求
められます。

第2節　カンファレンス（会議，打ち合わせ）

　病院や学校，養護施設やデイサービス等では，今の子どもの状態を把握
し，今後どのような方針で子どもやその保護者と関わっていくかなどが話
し合われるカンファレンス（職場によって，名称はさまざまであると思わ
れます）が開かれます。同じ職種の人たちのみで話し合われる場合もあれ
ば，さまざまな職種の人たちが参加して話し合われる場合もあるでしょ

う。病院では，医師や看護師，作業療法士や言語聴覚士，心理職やケースワーカー，場合によっては，院内学級の先生や調理員などが，カンファレンスに参加したり，参加せずとも部分的にその内容を聞いたりすることもあるでしょう。

　検査者は，自らの意見を述べるだけではなく，子どもと関わる人たちがいかにその子どもと関わり，どのように全体像を捉えているのかを理解することに努めなければなりません。その人たちが，どのように子どもと向き合おうとしているのか，子どもとその人たちの関係性はどのようなものかを把握することが，検査者が検査結果から得られた子どもの全体像を，それぞれの立場の人に役立つように伝えられることにつながります。検査者は万能ではなく，検査者が見ることができなかった子どもの一面も必ずあります。検査者は，子どものことをすべてわかったつもりになって，他の人の意見をないがしろにしていないでしょうか。たとえば，偏食の話が挙がり，「それは保護者から聞いた情報だから，自分はすでに知っている」と聞く耳を持たないようになっていないでしょうか。もしかすると，決まったメーカー以外のものでも食べられるようになった，温かい状態であればお肉でも一口は食べられるなど，より詳しい内容が出てくるかもしれません。検査者は，自分が検査を取った時点の子どもの全体像で止まっていてはいけません。日々アップデートされる子どもの全体像を捉え直す姿勢を維持することも大切なのです。

　検査者が意見を述べる際には，検査や面談を通して得られた子どもの全体像を，いかにより多くの人たちに，少しでも役に立つように還元するかを考えることが必要です。医師には，診断や意見書，学校との連携に役立つような内容を，看護師には医療面に加えて生活面を重視した内容を，作業療法士には，特に運動面に関して子どもが持つ不安や行動特性，強みや困難さを，言語聴覚士には，特に言語面，コミュニケーション面に関して子どもが持つ不安や行動特性，強みや困難さを，ケースワーカーには，特

に家族関係や家族に対する子どもの思いや不安を，院内学級の先生には，学習面の強みや弱みだけではなく，間違えることに対する不安や新しいことに対する反応などを，調理員には特に子どもの偏食や手先の器用さを，これらを意識して，少しずつでもそれぞれの職種に役立つ情報を織り交ぜながら伝えられるとよいでしょう。さらに，その人たちが子どもと関わること，その人たちと子どもの関係性を想像したうえで，具体的に何をしてもらうこと，何を心掛けてもらうことが，子どもやその人たちのためになるのかを考えて伝えられるとよいでしょう。これは，病院だけではなく，学校やその他の現場においても，検査から得られた子どもの全体像を伝える際に，意識しておくべき点になります。

　検査者の視点を前面に出し過ぎるのではなく，それぞれの立場で関わる人たちの意見や子どもとの関わりを尊重したうえで，子どもと子どもに関わる人たちとの間に，より良い橋をかけられるように，検査結果を活かすことが大切です。

第3節　立ち話

　検査から得られた子どもの全体像や子どもと関わるうえでの今後の見通しなどを，子どもと関わる人たちに伝える際，カンファレンスなどで充分な時間を確保できればよいですが，それが難しいことも実際にはあるでしょう。医師に伝える場合は，診察の合間や外来から病棟への移動の数分間，学校で先生に伝える場合は，休み時間や放課後の数分間，その他の職種の人たちでも業務の間の数分間しか時間が取れない場合もあります。その数分間で，もしかすると一言二言になってしまうかもしれませんが，いかにその人たちが子どもと関わるうえで役立つことを伝えられるかを意識しなければなりません。検査者自身としては，言いたいことが1〜10まであるとしても，それを順番に伝えていては，限られた時間で大事な部分を

伝えることができないかもしれません。ただし，大事な部分を削って伝えるという意識ではなく，どれだけ大事なことを端的に伝えられるかという意識を持つことが大切です。

　また，立ち話で大事な部分を凝縮して伝えるとしても，後にあらためて話し合える時間を確保することが望まれます。聞き手の勤務状況などを把握しておくと，後にあらためて話し合う時間を約束しやすくなります。それに加えて，聞き手に「この人（検査者）の話は聴きたい」と思ってもらえるかどうか，それも後の話し合う時間を確保するうえで重要なポイントになります。そのように思ってもらうためには，聞き手のタイミングや状況に配慮したうえで声をかけること，聞き手に合わせて話の長さや内容を考えること，聞き手に聞いてもらえたことや時間を取ってもらったことを感謝することなどを意識するとよいかもしれません。

　立ち話はカンファレンスと違い，雑談のような要素もあります。時間が限られているなかであっても，子どもと関わる人の，これまでの，もしくは現在進行中の苦労エピソードが話されることがあります。そのエピソードと検査結果とを絡めて伝えられると，子どもの全体像をより生きたかたちで理解してもらうことができます。それが，腑に落ちることにつながり，子どもとの関わりに検査結果の情報を活かしてみよう，活かせるかもしれないと思ってもらいやすくなります。

　さらに，何か助言をした際には，それをしてみて実際どうであったかを，検査者のほうから確認してみてもよいでしょう。やってみてうまくいかなかったのであれば，子どもの反応やそのときの状況から，どのようにすればうまくいくのかを考え直します。ただ，赤色に少し白色を足せば桃色になるように，タイミングや言い方など，少しやり方を変えると，意外に上手くいくことも多いです。その少しのズレを見抜き，伝え直すことができるかどうか，そこが力の試されるところです。

　また，相手に助言を伝えたものの，相手は実際にまだやってみていない

という場合もあります。それは，腑に落ちるかたちで伝えられていなかったのかもしれませんし，子どもとその人との関わりを想像して伝えることができていなかったのかもしれません。その場合は，やってみていないことを責めるのではなく，以前伝えた助言を押し通すのでもなく，仕切り直しの気持ちで，検査で得られた子どもの全体像を頭の片隅に置きながらその人の話を聴き，子どもとその人との関わりに合う形で何か伝えることはできないかを考え直すことが求められます。

　関係性が良ければ，助言どおりにしてみたがうまくいかなかったこと，助言を聞いた際に，「それは難しいと思う」といったことを検査者に言いやすくなるでしょう。検査者としても，そのように言ってもらえると，より早く助言を修正する，アップデートする機会を与えられます。それはもちろん，子どものために少しでも役立つ機会を与えられたということです。伝える相手との関係性を良好なものにしようと意識せずとも，子どもとその人の関わりを想像する姿勢を持つこと，その人のタイミングや状況に合わせて声をかける，伝える内容を凝縮することを意識すると，おのずと関係性は良好なものになっていることでしょう。

　子どもと関わる人のためになることは，すべて子どものためにつながります。このような意識を持てると，検査者自身もやりがいを感じやすくなるでしょう。

第4節　子どもと関わる人たちを支える

　ここまで，検査で得られた子どもの全体像を，子どもと関わる人たちに，助言というかたちで伝えることを中心に書いてきました。しかし，助言をするだけが，検査者に求められる役割ではありません。子どもと関わる人たちが，子どものことを思い考え，すでに子どものために行っていることも数多くあります。それを充分に聴き，それでもうまくいっていない

ことがあれば，検査から得られた情報をもとに，その人と子どもに合う形で助言を伝えられるとよいでしょう。

　ただ，その人と子どもとの関わりがすでにうまくいっている場合，まだ結果は出ていなくても今の関わりを継続してほしい場合もあります。そんなときは，検査者が何か新しいことを無理に言おうとするのではなく，その人と子どもとの関わりを認め，エンパワーメントすることが大切です。検査者の年齢が若い場合は，「それはすごくいいですね」「私もそのやり方参考にさせていただきます」のように伝えると，子どもと関わる人は自信を持って子どもとの関わりを継続することができるかもしれません。また，検査者の年齢が上がってくると，「その関わりがいいと思います」のように伝えるだけで，子どもと関わる人は自信を持って子どもとの関わりを継続することができるかもしれません。大切なことは，「この人に認められたら嬉しい」「この人に認められたのだからこれでいいんだ」と思ってもらえるかどうかです。それは，エンパワーメントだけではなく助言でも同様で，「この人の言うことだからやってみよう」と思ってもらえることが大切です。そのためには，検査者は日頃から子どもと関わる人たちに声をかけ関係性を作ること，日頃から関われない場合は，助言やエンパワーメントをするその限られた時間で，まずは相手の話を聴こうとする姿勢を持ち，決して相手の今のやり方を否定するわけではないという雰囲気が伝わることが肝要です。

　検査者が偉いわけではありません。助言やエンパワーメントをする際に，検査者が相手の上に立とうと思ってはいけません。子どもと関わる人たちのなかで上や下はなく，検査者を含め，どの人も子どもにとって重要な人となる可能性があるのです。ゆえに，検査から得られた情報のほうが，他の人が持っている情報よりも優れているわけでもありません。しかし，検査でしか得られない情報，検査者だからこそ見えるものが何かあるのではないかと期待されていることも事実です。そのためにも，子どもと

関わる人たちの話を充分に聴く。それが、検査結果を伝える検査者にとっても、助言やエンパワーメントを行いやすくすることにつながるのです。

まとめ ─────────────────

1 所見・報告書の内容は、多くの子どもに当てはまることを記載するのではなく、一人ひとりの子どもに合わせたものになっているか、検査者はその問いを念頭に置きながら、悩み考えまとめる作業を進めていくことが求められます。

2 カンファレンス（会議、打ち合わせ）などで、検査を通して得られた子どもの情報を伝える際は、検査者の視点を前面に出し過ぎるのではなく、それぞれの立場で関わる人たちの意見や子どもとの関わりを尊重する姿勢を持ちます。そのうえで、子どもと子どもに関わる人たちとの間に、より良い橋をかけられるように、検査結果を活かすことに努めます。

3 検査結果を伝える相手との関係性を良好なものにしようと意識せずとも、子どもとその人の関わりを想像する姿勢を持つこと、その人のタイミングや状況に合わせて声をかける、伝える内容を凝縮することを意識すると、おのずと関係性は良好なものになっていることでしょう。

4 検査結果を伝える際に、助言というかたちだけではなく、エンパワーメントというかたちもあることを忘れてはなりません。

補章
WISC-Ⅳ以外の検査

　本書ではここまで，WISC-Ⅳのガイドラインや検査項目を参考にしながら，子どもと保護者，子どもと関わる人たちにとってより良い検査を実施するために，さまざまなことを考察しました。第4，5章以外では，WISC-Ⅳ以外の検査を実施するうえでも応用できること，たとえば，子どもと保護者，子どもと関わる人たちとどのように関わればよいかなどを記してきましたし，第4，5章では，WISC-Ⅳの内容に加えて，検査を実施するにあたって，子どもの全体像を把握するためにどのようなことを考えればよいかなどの素材を提供しています。

　一方で，読者のみなさんのなかには，WISC-Ⅳ以外の検査についても，どのような点を考えると，子どもや保護者にとってより良い検査となるのかを詳しく知りたいと思われる方もいらっしゃると思います。本書で，たとえば，新版 K 式発達検査 2001（2020）のガイドラインや検査項目すべてに言及することは難しいですが，いくつかの発達検査について，より良い検査を実施するために，読者のみなさんが考える素材やきっかけを少しばかり提供できればと思います。

第 1 節　新版 K 式発達検査 2001（2020）

　新版 K 式発達検査は，対象年齢が 0 歳〜成人となっているため，就学前の子どもの発達面を把握するときに，比較的よく用いられるものです。WISC は，対象年齢が 5 歳からになっているため，そもそも課題のやり方を言葉で理解できる力がある程度なければ，検査自体を実施することが難しくなっています。一方で，新版 K 式発達検査は，課題のやり方を言葉で理解できる力が低くても，子どもの発達の全体像をある程度把握することができます。

　新版 K 式発達検査の特徴の一つとして挙げられるのが，課題の順番が決まっていないことです。これはとても大きな意味を持ちます。WISC-Ⅳでは，年齢にかかわらず課題の順番が決まっていますが，最初の課題が積木を用いるものになっています。これは，子どもが不安や緊張が高くても，言葉でのやり取りができなくても（子どもが声をまったく発せなくても）課題を実施することができる，あるいは積木を通して不安や緊張を軽減するという効果があると思われます。しかし，その次の課題は，子どもが声を出さなければいけないものになっています。積木の課題で，不安や緊張がほぐれて声を出せるようになっていればよいのですが，ここでも声を出せない場合は，課題をいったん中止することを検討しなくてはなりません。もちろん，課題の順番を変えて，声を出さなくてもよいものを先にしてしまう方法もあるでしょう。しかし，基本的には補助検査以外は順番が決まっているため，順番を変えることは推奨できません。課題の順番を変えると，疲労度や意欲の違いによって，得点が変わる可能性も考えられます。

　一方で，新版 K 式発達検査は，一部の課題はどちらかを先にしてはいけないといったものはありますが，基本的には課題の順番が決まっていな

いことから，どの課題から始めて，どのような順番で実施するのかは，検査者それぞれの判断に委ねられています。これは，新版Ｋ式発達検査の強みや面白みでもあり弱みでもあります。強みや面白みというのは，一人ひとりの子どもに合わせた課題構成にできること，検査者自身の自由度が出てくることが挙げられます。弱みというのは，子どもが本来の力を発揮できるかどうか，子どもが気持ちよく検査を受けられるかどうかが，検査者の力量による影響を大きく受けるということです。筆者自身も，検査を取り始めの頃に，WISCよりも新版Ｋ式発達検査を実施しているときのほうが，「私ではなく，○○先生（職場の先輩の先生）にしてもらったほうがよかったやろうな」と思うことが多かったです。それは，検査者による影響が大きいと肌で感じたためでした。

　順番が決まっていないことから，たとえば，1～3歳ぐらいまでの子どもに対しては，最初に型はめ（○，△，□の積木をその型にはめるもの）を実施してもよいかもしれませんし，3～5歳ぐらいまでの子どもに対しては，最初に積木を用いた課題を実施してもよいかもしれません。それ以上の年齢の子どもに対しては，最初に名前や年齢，性別を聞く課題から始めてもよいかもしれません。筆者の感覚では，模倣ができる発達年齢の子どもに対しては，積木を用いた課題から始めます。最初に，積木を積んでもらい，その後に積木で見本と同じものを作ってもらうという流れです。

　積木のように，一つの道具でいくつかの課題ができるものは，続けて実施するほうが，何度も出し入れするよりも，子どもの集中力が持続しやすいかもしれません。たとえば，「積木の塔」⇒「トラックの模倣」⇒「家の模倣」⇒「門の模倣」⇒「階段の模倣」⇒「4つの積木」⇒「積木叩き」⇒「数選び」（例前や例後，回数や個数などは省略。年齢や状況によって，実施しないものもあります）といった具合です。「数選び」を最後に持ってきているのは，コップの中に積木を入れてもらうため，切り替えの苦手な子どもであっても，検査者が積木をそのまま片付けやすいこと

にあります。これも，どの子どもに対しても同じ順番ではなく，目の前の子どもの意欲や状態なども踏まえて，臨機応変に課題の順番を変えることが望まれます。それこそが，新版Ｋ式発達検査の強みを活かすということになります。

このように，新版Ｋ式発達検査は，課題そのものに対する子どもの能力，意欲，自信などを把握できるだけではなく，課題構成によっても，より細かく子どもの全体像を把握できる可能性があります。ただし，検査者の力量に左右される要素も大きいと思われます。検査が上手くいかなかったことを子どものせいにするのではなく，検査者自身のやり方に問題があったのではないかと，より強く考えなければならないものではないかと思います。

第2節　MSPA（Multi-dimensional Scale for PDD and ADHD）

MSPAは，発達障害の診断というより支援を目的として開発されたものです。子どもにも成人にも活用することができます。発達障害の特性について，「コミュニケーション」「集団適応力」「共感性」「こだわり」「感覚」「反復運動」「粗大運動」「微細協調運動」「不注意」「多動性」「衝動性」「睡眠リズム」「学習」「言語発達歴」の14の項目から多面的に評価します。質問紙ではありますが，対象となる子どもや成人が一人で書いて答えていくのではなく，検査者が生活歴やエピソードを聴いていきながら評価するものです。また，対象となる子どもや成人と関わる人たち，たとえば保護者や学校の先生などにも答えてもらうことで，より正確な評価につながり，日常生活のさまざまな場面での支援に活かすことができます。各項目での結果を特性チャートにまとめることができるため，発達障害の特性や支援の必要なポイントを視覚的に捉えられるようになっていることが

特徴でもあります。

　MSPA においては，正確な評価をするために生活歴やエピソードを話してもらうことと，答えてもらう人が，特に当事者である場合に，その人のペースに合わせて話を聴くことが求められます。正確な評価をすることは，その後の支援を考えるうえで大切になりますが，検査によって答えてもらう人を傷つけてしまっては，その後の支援を受ける気もなくなるでしょう。正確な評価と答えてもらう人のペースに合わせること，そのバランスを考えることで，答えてもらう人にとってより良い検査結果となります。

　より正確な評価となるために，さらには答えてもらう人のペースにより合わせるために，覚えておくべきことがあります。それは，生活歴やエピソードを聴いているうちに，もしくはそれらを聴く前から，検査者自身が「この人は ADHD（PDD）[*2]だろうな」と思いながら話を聴いてしまってはいけないということです。そのように思いながら話を聴いてしまうと，生活歴やエピソードが一般的な「ADHD（PDD）」というフレームを通したものになってしまいます。そうすると，答えてもらう人の困っていることとずれていることを質問してしまったり評価してしまったりすることになります。また，答えてもらう人が ADHD（PDD）であったとしても，困っていることや支援が必要なところは人それぞれ異なります。そのため，その人が必要とする支援を考えるためにも，「ADHD（PDD）だろうな」といったフレームを通さずに，「ADHD（PDD）かもしれないな」といった程度の考えを頭の片隅に置いておきながら話を聴くことが大切です。つまり，目の前のその人の ADHD（PDD）特性に合わせた支援を考えることが，検査者には求められます。

補章　WISC-Ⅳ以外の検査

＊2　PDD: Pervasive Developmental Disorders（広汎性発達障害）。

おわりに

　検査においては，何が成功で何が失敗なのでしょうか。検査者としては
うまくできたと思っていても，子どもや保護者はそのように受け取ってい
ないかもしれません。もちろん，検査者としては失敗したと思っていて
も，子どもや保護者はそんなに気にしていないということもあります。検
査をマニュアルどおりに実施して，数値を算出することができれば，それ
は成功なのでしょうか。検査を最後まで実施できなければ，それは失敗な
のでしょうか。

　検査場面を点ではなく線で見てみると，目の前の子どもに合わせて，そ
のとき検査を実施しないという判断が，後日のより有意義な検査につなが
るかもしれませんし，子どもが，検査者は自分を尊重してくれたという実
感を持つことができ，それが日常生活にプラスの影響を及ぼすかもしれま
せん。一方で，目の前の子どものことをあまり考えられずに検査を進めて
しまい，数値を算出することができたとしても，子どもや保護者が検査者
や検査自体に不信感を持ち，検査結果を聞きにこなかったり，検査結果が
活かされなかったりするかもしれません。

　そのため，検査において何が成功で何が失敗か，それは誰にもわかりま
せん。だからこそ，検査者自身の意識が大切になってくるのです。医師の
手術のように，検査は子どもや保護者の命が懸かっているわけではありま
せん。しかし，たった一度の検査場面での体験が，子どもや保護者のその
後の人生に影響を及ぼすことがあります。それは責任もありますし，その

分やりがいもあります。何百何千件という検査を実施しようと，子どもと保護者のために何ができるかを考え続ける姿勢は必要ですし，検査に慣れが出てきたときにこそ，その姿勢をあらためて持たなければなりません。

　本書で読者のみなさんに，子どもや保護者のために何ができるかを考える素材やきっかけを提供できていることを願っていますが，検査場面で出会う子どもや保護者，さらには子どもと関わる人たちは，多くの素材やきっかけを提供してくれます。今の自分の力量に満足することなく，そこから何かを学び取ろうとするかどうか，それも検査者自身の意識に懸かっています。

　本書は，子どもや保護者のため，子どもと関わる人たちのために，検査者は何ができるかを中心に書かれています。しかし，検査者が，検査を通して子どもや保護者，子どもと関わる人たちと接することに，やりがいや面白さを感じることができ，自信を持つことができることも，子どもや保護者のためにつながります。そのため，検査者が自分に厳しすぎることなく，時には，子どもや保護者のために何か力になれた自分を認めてあげてください。できなかったこと，失敗を探すだけではなく，できたこと，うまくできたことも探し，これからに活かしてほしいと思います。

　本書は，筆者がこれまで出会ってきた子どもたちとその保護者，子どもと関わる人たちのおかげで形にすることができました。筆者にとっては，これまで出会ってきた一人ひとりがかけがえのない存在です。

　また，本書を執筆するにあたり，村瀬嘉代子先生には，多くのご助言をいただきました。筆者だけでは考えられなかった視点をご教示いただき，本書の全体像を構成することができました。

　さらに誠信書房編集部の中澤美穂氏と楠本龍一氏には，企画から出版にいたるまでご尽力いただきました。筆者の拙い文章の意を汲みとって的確なご意見をくださり，心からお礼を申し上げます。

　最後に，日頃から私を支えてくれている人たち，本書の出版前に，さま

ざまな助言をくれた人たちに心から感謝します。
　本当にありがとうございました。

　2021 年 5 月

　　　　　　　　　　　　　　　　　　　　　　　樋口隆弘

文 献

青木省三（2017）こころの病を診るということ——私の伝えたい精神科診療の基本．医学書院．

Arnold, L. E.（1978）*Helping parents help their children*. Brunner-Mazel.（作田勉（監訳）（1981）親指導と児童精神科治療．星和書店）

Home Office and Department of Health（1992）*Memorandum of good practice: On video recorded interviews with child witnesses for criminal proceedings*.（仲真紀子・田中周子（訳）（2007）子どもの司法面接——ビデオ録画面接のためのガイドライン．誠信書房）

生澤雅夫・松下裕・中瀬惇（2002）新版K式発達検査2001実施手引書．京都国際社会福祉センター．

神田橋條治（1994）精神科診断面接のコツ〔追補〕．岩崎学術出版社．

前田重治（1999）「芸」に学ぶ心理面接法——初心者のための心覚え．誠信書房．

Matarazzo, J. D.（1990）Psychological assessment versus psychological testing: Validation from binet to the school, clinic, and courtroom. *American Psychologist*, **45**(9), 999–1017.

Matarazzo, J. D. & Wiens, A. N.（1972）*The interview: Research on its anatomy and structure*. Alaine Atherton.

村瀬嘉代子（編著）（2006）心理臨床という営み——生きるということと病むということ．金剛出版．

村瀬嘉代子（2014）統合的心理療法の考え方——心理療法の基礎となるもの．金剛出版．

村瀬嘉代子（2015）心理療法家の気づきと想像——生活を視野に入れた心理臨床．金剛出版．

村瀬嘉代子（2018）ジェネラリストとしての心理臨床家——クライエントと大切な事実をどう分かち合うか．金剛出版．

村瀬嘉代子（2019）花園大学心理カウンセリングセンター主催　発達障害セミナー2019講演資料．

村瀬孝雄・村瀬嘉代子（編）（1997）臨床心理学と＜生きる＞ということ．日本評論社．

仲真紀子（編著）（2016）子どもへの司法面接——考え方・進め方とトレーニング．有斐閣．

日本版 WAIS-Ⅲ刊行委員会（訳編）（2006）日本版 WAIS-Ⅲ実施・採点マニュア
ル．日本文化科学社．

日本版 WISC-Ⅳ刊行委員会（訳編）（2010a）日本版 WISC-Ⅳ知能検査 理論・解
釈マニュアル．日本文化科学社．

日本版 WISC-Ⅳ刊行委員会（訳編）（2010b）日本版 WISC-Ⅳ知能検査 実施・採
点マニュアル．日本文化科学社．

Poole, D. A. & Lamb, M. E.（1998）*Investigative interview of children: A guide for helping
professionals.* American Psychological Association.

Siegal, M.（1996）Conversation and cognition. In R. Gelman & T. Kit-Fong Au（Eds.）.
Perceptual and cognitive development. Academic Press. pp.243-282.

Siegal, M.（1999）Language and thought: The fundamental significance of conversational
awareness for cognitive development. *Developmental Science*, **2**(1), 1-14.

Sternberg, K. J., Lamb, M. E., Hershkowitz, I., Yudilevitch, L., Orbach, Y., Esplin, P. W.,
& Hovav, M.（1997）Effects of introductory style on children's abilities to describe
experiences of sexual abuse. *Child Abuse & Neglect*, **21**(11), 1133-1146.

Sullivan, H. S.（1954）*The psychiatric interview.* Norton.（中井久夫他（訳）（1986）精
神医学的面接．みすず書房）

氏原寛・成田善弘（2000）診断と見立て──心理アセスメント〔臨床心理学②〕．
培風館．

Wechsler, D.（1944）*The measurement of adult intelligence*（3rd ed.）. Williams & Wilkins.

Wechsler, D.（1975）Intelligence defined and undefined: A relativistic appraisal. *American
Psychologist*, **30**(2), 135-139.

著者紹介

樋口　隆弘（ひぐち　たかひろ）

2013年　関西大学大学院心理学研究科修士課程修了
2017年　関西医科大学大学院医学研究科医科学専攻発達小児科学博士課程修了
現　在　関西医科大学総合医療センター小児科心理士
　　　　大阪総合保育大学大学院非常勤講師
　　　　京都市立学校スクールカウンセラー
　　　　大阪市私立幼稚園連合会相談員
　　　　公益財団法人関西カウンセリングセンターＳＮＳ相談主任相談員
　　　　医学博士，公認心理師，臨床心理士，保育士，アニマルセラピスト，アロマテラピーアドバイザー
著　書　『ＳＮＳカウンセリング・ケースブック──事例で学ぶ支援の方法』（共編著）誠信書房 2020
　　　　『ＳＮＳカウンセリング・トレーニングブック』（共編著）誠信書房 2022
　　　　『不登校の理解と支援のためのハンドブック──多様な学びの場を保障するために』（分担執筆）ミネルヴァ書房 2022

子どもの発達検査の取り方・活かし方
──子どもと保護者を支えるために

2021年 5 月30日　第 1 刷発行
2023年 9 月15日　第 5 刷発行

著　　者　樋　口　隆　弘
発　行　者　柴　田　敏　樹
印　刷　者　藤　森　英　夫

発行所　株式会社　**誠　信　書　房**
☎112-0012　東京都文京区大塚3-20-6
電話03（3946）5666
https://www.seishinshobo.co.jp/

印刷／製本：亜細亜印刷㈱
ISBN 978-4-414-41680-0 C3011

アタッチメントに基づく評価と支援

北川 恵・工藤晋平 編著

実証研究で標準化された乳幼児から成年までのアタッチメントのアセスメント法・測定法を紹介し、その評価方法や支援の実際を示す。

A5判並製　定価(本体2700円＋税)

心理学でわかる発達障害「グレーゾーン」の子の保育

杉山 崇著

発達障害グレーゾーンの子の「困った！」に対処する具体的な方法と知識を徹底伝授。適切な理解と対応で大人も子どもも楽になる。

A5判並製　定価(本体1900円＋税)